MW01710892

LES MEILLEURES

RECETTES DE LA MER

LES MEILLEURES RECETTES DE LA MER

Gründ

TABLE

ONT COLLABORÉ A CE LIVRE :
Texte anglais de Anne Johnson, assistée de Clare Gordon-Smith et Caroline Ellwood.
Avec la collaboration de Michelle Berriedale Johnson, Clare Ferguson, Wendy Godfrey, Naomi Good, Rita Greer, Carole Handslip, Gwyneth Loveday, Rosamond Man, Norma MacMillan, Mary Morris, Rhona Newman, Sue Probert, Julia Roles, Jeni Wright.
Adaptation française de Christine Colinet, Anne Moscat, Anne-Marie Thuot, Nadine Touzet.
Reportage photographique de Clive Streeter.

NOTES
Toutes les cuillères sont rases.
Utilisez dans la mesure du possible des herbes fraîches. Si vous n'en avez pas, remplacez-les par un bouquet garni ou bien des herbes séchées (en divisant la quantité par deux).
Quand une recette indique du poivre, utilisez du poivre noir fraîchement moulu.
Le four doit toujours être préchauffé.

GARANTIE
DE L'ÉDITEUR
Pour vous parvenir à son plus juste prix, cet ouvrage a fait l'objet d'un gros tirage. Malgré tous les soins apportés à sa fabrication, il est malheureusement possible qu'il comporte un défaut d'impression ou de façonnage. Dans ce cas, ce livre vous sera échangé sans frais.
Veuillez à cet effet le rapporter au libraire qui vous l'a vendu ou nous écrire à l'adresse ci-dessous en nous précisant la nature du défaut constaté. Dans l'un ou l'autre cas, il sera immédiatement fait droit à votre réclamation.
Librairie Gründ - 60, rue Mazarine, 75006 Paris

Première édition française 1989
par Librairie Gründ, Paris

© 1989 Librairie Gründ pour
l'adaptation française
ISBN : 2-7000-5795-3
Dépôt légal : août 1989
Édition originale 1988 par
Octopus Books Ltd

© 1988 Octopus Books Ltd
Photocomposition : A.P.S. Tours
Produit par Mandarin Offset
Imprimé et relié à Hong Kong

INTRODUCTION

Pourquoi devons-nous manger du poisson ? D'abord parce que c'est un mets délicieux et que, comparé à d'autres aliments riches en protéines, il est d'un prix abordable et donne peu de déchets. Ensuite parce qu'il est facile à préparer. Si vous êtes pressé et que vous vouliez faire en quelques minutes un plat simple et savoureux, le poisson est tout indiqué. Prenez, par exemple, un petit filet de plie ou de moruette, lavez-le, mettez dessus une noix de beurre, passez-le au gril : voilà un plat qui exige un minimum de préparation.

On trouve, tout au long de l'année, de nombreuses variétés de poissons qui se prêtent à tous les modes de cuisson : pochés, à la vapeur, au four, au gril, au barbecue, braisés, cuits à la poêle ou dans une friteuse.

La raison principale pour laquelle nous devons manger du poisson, c'est que celui-ci est nourrissant et bénéfique pour la santé. C'est une bonne source de protéines, de vitamines et de sels minéraux, surtout d'iode. Les sardines et les maquereaux en boîte, dont il faut consommer les arêtes, nous apportent du calcium et du phosphore. Les poissons gras comme les harengs, les maquereaux et les sardines, dont l'huile est répartie dans toute la chair, sont riches en vitamines A et D. Dans les poissons blancs, l'huile est concentrée dans le foie. La vitamine A, dite vitamine de la beauté, hydrate la peau et la maintient en bonne santé ; elle aide aussi à conserver une bonne vue. Quant à la vitamine D, elle contribue à la solidité des os. Le poisson est pauvre en hydrates de carbone et en graisses saturées. Même dans les poissons les plus gras, la graisse est en majorité poly-insaturée. Actuellement, les chercheurs pensent que deux repas de poisson blanc par semaine peuvent aider à faire baisser le taux de cholestérol dans le sang et écarter ainsi le risque de maladies cardiaques.

Pour les personnes qui surveillent leur poids, le poisson possède l'avantage d'être plus pauvre en calories que d'autres aliments à protéines. Certaines espèces en apportent moins que d'autres : 125 g de sole, par exemple, ne contiennent que 90 calories, tandis qu'il y en a 190 dans le même poids de hareng. Si vous comparez ces taux aux 350 calories renfermées dans 125 g d'agneau, vous conviendrez que le poisson est un aliment irremplaçable.

Enfin, il y a les crustacés comme les crabes, les homards, les crevettes, et les coquillages tels que les moules, les coquilles Saint-Jacques, les huîtres, les clams. Qu'ils soient en bocaux, en boîtes ou surgelés, ils rendent de grands services dans les mélanges avec d'autres ingrédients. Les crustacés constituent un régal gastronomique extrêmement délicat.

POTAGES

Un potage suffit parfois pour un déjeuner léger ; il peut également être servi comme premier plat pour le repas plus consistant que l'on prend le soir en famille ; sous forme de velouté, il stimule les appétits et réjouit le palais des invités ; il peut, enfin, constituer à lui seul un repas nourrissant. Il mijote des heures ou se prépare en quelques minutes ; on le sert chaud ou froid, très épicé ou de saveur subtile et délicate ; on le réussit aussi bien avec des ingrédients bon marché qu'avec des produits très recherchés. Il peut être traditionnel ou plein de fantaisie. Vous n'avez que l'embarras du choix.

Dans ce chapitre, vous trouverez des recettes du monde entier : la soupe scandinave au saumon, la soupe portugaise aux sardines, la soupe provençale aux crevettes, la soupe au merlan et aux pommes et le velouté de crabe, deux plats très appréciés outre-Manche.

Dans les potages, la garniture est très importante. Ajoutez une pincée d'herbes fraîches finement ciselées, un peu de yaourt nature, du fromage râpé, quelques croûtons bien dorés ou une rondelle de citron pour améliorer saveur et présentation. Avec un mixeur vous obtiendrez d'excellents veloutés.

Si vous disposez de peu de temps, vous pouvez préparer la soupe 24 et même 48 heures d'avance. Un conseil : lorsque vous la réchaufferez, ajoutez une garniture fraîche.

Velouté de crabe

50 g de beurre
250 g d'oignons coupés en rondelles
750 g de tomates hachées
1 bouquet garni
15 cl de vin blanc sec
75 cl de fumet de poisson (voir page 146)
300 g de chair de crabe émiettée
1 gousse d'ail écrasée
1 zeste de citron
sel et poivre
15 cl de crème fraîche
persil haché pour décorer

Faites fondre le beurre dans une casserole et faites-y revenir 5 minutes les oignons sans qu'ils prennent couleur. Ajoutez les tomates, le bouquet garni, le vin, le fumet de poisson, la moitié du crabe, l'ail, le zeste de citron, salez, poivrez. Portez à ébullition, couvrez et laissez frémir 30 minutes. Retirez le bouquet garni et le zeste de citron.

Passez le tout au mixeur pour lisser le mélange. Remettez dans la casserole, ajoutez le reste de crabe, faites chauffer doucement et incorporez la crème fraîche.

Décorez avec le persil et servez aussitôt.

Pour 4 à 6 personnes

Note : si possible, composez votre bouquet garni de thym, de marjolaine et de persil.

Velouté de crabe

Soupe au haddock

350 g de haddock
50 cl d'eau
50 g de beurre
1 oignon haché
50 g de champignons de Paris hachés
1 cuillère à café de curry
50 g de farine
50 cl de lait

Faites pocher le haddock dans l'eau 10 minutes ; mettez-le de côté et réservez 30 cl du liquide de cuisson.

Faites fondre le beurre dans une casserole, ajoutez et faites revenir 5 minutes l'oignon, les champignons et le curry. Saupoudrez de farine, puis incorporez peu à peu le lait et le liquide de cuisson réservé.

Émiettez le poisson dans le liquide précédent et laissez-le chauffer doucement. Salez, poivrez et servez dans une soupière.

Pour 6 personnes

Soupe provençale à la rouille

2 cuillères à soupe d'huile d'olive
1 gros oignon haché
2 gousses d'ail hachées
250 g de tomates pelées et hachées gros
1 l d'eau
2 filets de merlan coupés en morceaux
250 g de lotte coupée en cubes
1 bouquet garni
sel et poivre
tranches de pain pour servir

ROUILLE :

1 tranche de pain, la croûte retirée
2 gousses d'ail
1 pincée de piment de cayenne
1 pincée de safran
2 cuillères à soupe d'huile d'olive

Faites chauffer l'huile dans une cocotte, ajoutez l'oignon et l'ail et laissez dorer.

Ajoutez les tomates, l'eau puis les poissons, le bouquet garni, salez, poivrez. Portez à ébullition et laissez frémir 20 minutes.

Pendant ce temps préparez la rouille : faites tremper le pain dans l'eau jusqu'à ce qu'il soit ramolli. Pressez-le dans vos mains et passez-le au mixeur avec l'ail, le piment et le safran, puis incorporez l'huile peu à peu. Présentez la rouille dans un bol.

Répatissez les tranches de pain dans des assiettes, versez dessus la soupe et ajoutez un peu de rouille.

Pour 6 à 8 personnes

Soupe portugaise

2 cuillères à soupe d'huile d'olive
2 oignons hachés
1 gousse d'ail hachée
1 boîte (400 g) de tomates
jus de 1 citron
2 cuillères à soupe de persil haché
1 pincée de basilic sec
50 g de vermicelle
50 cl de fumet de poisson (voir page 146)
poivre noir
4 sardines fraîches nettoyées et coupées gros
4 tranches de pain

Faites chauffer l'huile à feu doux et faites revenir doucement les oignons et l'ail. Ajoutez les tomates, le jus de citron, le persil, le basilic, le vermicelle, le fumet de poisson. Poivrez, portez à ébullition et laissez frémir 15 minutes.

Ajoutez les sardines et laissez cuire 8 à 10 minutes.

Répartissez le pain dans les bols, couvrez-les de soupe et servez aussitôt.

Pour 4 personnes

Soupe espagnole

3 cuillères à soupe d'huile d'olive
1 gros oignon haché
2 gousses d'ail hachées
1 kg de poissons (bar, flétan, colin) nettoyés et coupés en morceaux
1 l d'eau
sel et poivre
1 l de moules grattées et ébarbées
jus de 1 citron
6 cuillères à soupe de Xérès
5 cuillères à soupe de croûtons pour décorer

Faites chauffer l'huile dans une cocotte et faites revenir doucement 8 à 10 minutes l'oignon et l'ail. Ajoutez le poisson et couvrez d'eau. Assaisonnez, portez à ébullition, couvrez et laissez frémir 15 à 20 minutes. Passez la soupe et éliminez la peau et les arêtes des poissons.

Remettez la soupe dans la cocotte, ajoutez les moules, le jus de citron et le Xérès. Portez à ébullition et laissez frémir couvert 5 minutes. Éliminez les moules fermées et servez aussitôt avec les croûtons.

Pour 4 à 6 personnes

Soupe portugaise ; soupe espagnole

Bourride

1,5 kg-1,75 kg de poissons blancs fermes : lotte, turbot, barbue, cabillaud
2 gros oignons émincés
2 poireaux émincés
4-5 gousses d'ail écrasées
2 tomates hachées gros
2 grosses lamelles de zeste d'orange
1 bouquet garni
sel et poivre
1 l de fumet de poisson (voir page 146)
15 cl d'aïoli (voir page 149)
2 cuillères à soupe de persil haché pour décorer

Nettoyez les poissons et coupez-les en tranches épaisses. Mettez dans une grande casserole les oignons, les poireaux, l'ail et les tomates. Posez dessus le poisson, ajoutez le zeste d'orange, le bouquet garni, le sel, le poivre, et versez le fumet de poisson.

Portez à ébullition et laissez frémir doucement 10 minutes. Retirez le poisson et posez-le sur un plat de service chaud.

Faites réduire le liquide de cuisson de moitié et rectifiez l'assaisonnement. Passez-le au-dessus de l'aïoli en fouettant au fur et à mesure. Versez dans une casserole et laissez réchauffer doucement pour que cela épaississe (ne laissez pas bouillir).

Versez sur le poisson, saupoudrez de persil et accompagnez de pommes de terre à l'eau et de pain frit dans de l'huile d'olive.

Pour 6 personnes

Bisque de thon au maïs

50 g de beurre
50 g de farine
1 cuillère à soupe de curry
1 l de lait
1 cuillère à soupe de vin blanc sec
1 cube de bouillon de poule
700 g de maïs en grains
1 boîte (200 g) de thon
poivre noir

Faites fondre le beurre doucement dans une casserole, incorporez la farine et le curry. Tournez quelques minutes à feu doux. Incorporez le lait, le vin blanc et le bouillon-cube émietté. Portez à ébullition et laissez frémir, en tournant de temps en temps, jusqu'à ce que cela ait épaissi.

Égouttez le maïs et le thon. Mettez le maïs dans la casserole et portez à ébullition tout en tournant. Ajoutez le thon et tournez jusqu'à ce qu'il soit chaud. Poivrez et servez aussitôt.

Pour 6 à 8 personnes

Soupe au saumon

1 l de fumet de poisson (voir page 146)
2 blancs d'œufs
1 cuillère à soupe d'estragon haché
sel et poivre
4 petites tranches de saumon
2 cuillères à soupe de cives hachées
1/2 bouteille de vin blanc pétillant
rondelles de citron pour décorer

Faites chauffer le fumet de poisson. Fouettez ensemble les blancs d'œufs et l'estragon, versez dans le fumet de poisson, portez à ébullition, tout en continuant de fouetter. Laissez frémir 30 minutes. Salez, poivrez et passez.

Reportez le fumet à ébullition et ajoutez le poisson. Laissez-le 15 minutes à feu doux.

Sortez délicatement le poisson, mettez-le dans une terrine chaude, répartissez dessus l'oignon et tenez au chaud.

Pendant ce temps faites chauffer le vin jusqu'à ce qu'il soit prêt à bouillir, puis ajoutez-le au fumet. Versez sur le poisson, décorez avec les rondelles de citron et servez aussitôt.

Pour 4 personnes

Soupe de merlan aux pommes

15 g de beurre
2 petits oignons émincés
1 grosse pomme pelée, évidée et émincée
500 g de filets de merlan en morceaux
30 cl de cidre brut
50 cl d'eau
1 feuille de laurier
1 pincée d'aneth
poivre blanc
1 jaune d'œuf
4 cuillères à soupe de crème fraîche
aneth pour décorer

Faites fondre le beurre et revenir doucement les oignons. Ajoutez la pomme, le poisson, le cidre, l'eau, les herbes, portez à ébullition et laissez frémir 30 minutes.

Passez au mixeur, puis réchauffez doucement. Mélangez le jaune d'œuf et la crème, incorporez-les à la soupe, décorez d'aneth et servez aussitôt.

Pour 4 personnes

Bisque de thon au maïs ; soupe de merlan aux pommes

Soupe provençale aux crevettes

4 cuillères à soupe d'huile d'olive
2 oignons moyens émincés
2 gousses d'ail hachées
1 aubergine moyenne coupée en petits dés
2 courgettes coupées en petits dés
1 boîte (750 g) de tomates
25 cl de vin blanc sec
1 pincée d'origan
1 boîte (200 g) de crevettes
2 cuillères à soupe de persil haché
poivre noir
125 g de parmesan râpé pour décorer

Dans une grande cocotte faites chauffer doucement la moitié de l'huile d'olive, puis faites revenir les oignons et l'ail, couvrez 5-6 minutes.

Ajoutez l'aubergine, le reste d'huile et laissez revenir 5 minutes tout en tournant. Ajoutez les courgettes et laissez cuire 3 minutes. Ajoutez les tomates, le vin, l'origan et laissez frémir doucement 10 à 15 minutes.

Passez le tout au mixeur. Versez dans une casserole, ajoutez les crevettes, poivrez et laissez réchauffer. Servez la soupe dans des bols individuels et saupoudrez de parmesan.

Pour 6 personnes

Garnitures

Vous pouvez transformer une soupe avec une garniture attrayante : un rond de crème fraîche ou de yaourt, des herbes hachées (persil ou ciboulette). Les croûtons apportent une texture croquante : coupez du pain en cubes de 1 cm et faites-les dorer dans une même quantité de beurre et d'huile ; égouttez-les sur du papier absorbant. Vous pouvez aussi les parfumer en ajoutant une gousse d'ail écrasée dans l'huile de cuisson. Vous pouvez aussi ajouter du fromage râpé : gruyère, parmesan.

Soupe aux moules

Utilisez toujours des moules fraîches pour préparer cette soupe.

1 kg de moules grattées et ébarbées
30 cl de vin blanc sec
6 échalotes hachées
4 gousses d'ail hachées
1 cuillère à soupe d'huile d'olive
3 blancs de poireaux émincés
environ 50 cl d'eau
2 cuillères à soupe de riz long
4 tomates pelées, épépinées et hachées
1 bouquet garni
sel et poivre
3 cuillères à soupe de persil haché pour décorer

Mettez les moules dans une cocotte avec le vin, les échalotes et la moitié de l'ail. Couvrez et laissez cuire jusqu'à ce qu'elles soient ouvertes. Jetez celles qui ne le sont pas. Enlevez les moules de leur coquille et passez le jus de cuisson.

Faites chauffer l'huile dans une casserole, ajoutez les poireaux, le reste d'ail et laissez revenir 5 minutes, sans dorer. Ajoutez de l'eau au jus de cuisson pour obtenir 1 l de liquide, versez sur les poireaux, puis ajoutez le riz et faites bouillir 10 minutes.

Laissez refroidir légèrement, puis passez-en la moitié au mixeur. Mélangez cette purée avec le reste de soupe, puis ajoutez les tomates, le bouquet garni, salez et poivrez. Portez à ébullition et laissez frémir 5 à 7 minutes. Retirez le bouquet garni et ajoutez les moules. Laissez encore frémir 5 minutes. Décorez avec le persil et servez aussitôt.

Pour 6 à 8 personnes

A GAUCHE : *soupe provençale aux crevettes*
A DROITE : *soupe aux moules*

Soupe d'huîtres américaine

2 boîtes (100 g chacune) d'huîtres
25 g de beurre
6 cives hachées
150 g de beurre de cacahuètes ramolli
2 cuillères à soupe de farine
75 cl de bouillon de poule
20 cl de crème fraîche
1 pincée de cayenne
1 grosse pincée de thym
4 cuillères à soupe de xérès

Égouttez les huîtres et mettez le liquide de côté.

Faites fondre le beurre dans une grande casserole et faites revenir à feu doux les cives 2 à 3 minutes. Incorporez le beurre de cacahuètes et la farine. Hors du feu, incorporez le bouillon.

Reportez sur le feu et laissez jusqu'à ce que cela épaississe. Ajoutez la crème et le liquide réservé. Ajoutez le chilli, le thym, les huîtres et le cognac. Servez bien chaud.

Pour 6 personnes

Soupe scandinave

Crème de merlan

2 merlans moyens, en filets, la peau retirée
1 petit verre de vin blanc sec
40 g de beurre
20 g de farine
50 cl de fumet de poisson (voir page 146)
sel et poivre
1 pincée de muscade
2 cuillères à soupe de persil haché
15 cl de crème fraîche légèrement fouettée
croûtons

Faites pocher le poisson 10 minutes dans le vin blanc, en laissant réduire le vin. Écrasez la moitié du poisson avec le beurre pour obtenir un mélange homogène.

Faites fondre le reste de beurre dans une casserole, ajoutez la farine, puis hors du feu incorporez peu à peu le fumet. Reportez sur le feu, portez à ébullition, sans cesser de tourner, puis incorporez la purée de poisson. Salez, poivrez, ajoutez la muscade.

Juste avant de servir, ajoutez le persil et la crème. Servez avec des croûtons.

Pour 4 personnes

Soupe scandinave

50 g de riz long
la tête d'un gros saumon lavée
1 l de fumet de poisson (voir page 146)
1 oignon émincé
2 carottes émincées
1 branche de céleri émincée
1/2 cuillère à café de graines d'aneth
sel et poivre
2 cuillères à soupe de crème fraîche (facultatif)
POUR DÉCORER :
quelques crevettes décortiquées
aneth ou persil haché

Mettez le riz dans une passoire, rincez-le et laissez-le égoutter.

Mettez la tête de saumon dans un grand faitout avec le fumet de poisson, portez à ébullition et laissez frémir 20 minutes. Mettez la tête sur un plat.

Filtrez le liquide au-dessus d'une casserole, ajoutez le riz, l'oignon, les carottes, le céleri, les graines d'aneth, salez, poivrez. Portez à ébullition, puis laissez frémir 20 minutes.

Retirez la chair de la tête du poisson, ajoutez-la à la soupe ainsi que la crème et rectifiez l'assaisonnement. Décorez avec l'aneth et les crevettes.
Servez avec du pain de seigle.

Pour 4 personnes

Soupe orientale

50 cl d'eau
125 g de filet de porc
sel et poivre
175 g de nouilles de riz fines
1 cuillère à soupe d'huile
5 échalotes hachées
4 cives hachées
2 gousses d'ail écrasées
1 cuillère à café de gingembre
1 cuillère à café de coriandre moulue
1/2 cuillère à café de curcuma
175 g de crevettes
30 cl de lait de coco épais
2 carrés de tofu émincés
75 g de germes de soja

Portez l'eau à ébullition dans une grande casserole. Ajoutez la viande, salez, poivrez, couvrez et laissez frémir 40 minutes.

Passez le liquide de cuisson et coupez la viande en petits cubes.

Mettez les nouilles dans une casserole d'eau bouillante, couvrez, laissez 5 minutes, puis égouttez-les.

Faites chauffer l'huile dans un wok ou dans une poêle profonde, ajoutez l'échalote et faites revenir 1 minute, puis ajoutez les cives, l'ail, les épices, et tournez 30 secondes. Versez le liquide de cuisson et laissez frémir 25 minutes.

Ajoutez les nouilles, les crevettes, le lait de coco, portez doucement à ébullition sans cesser de tourner. Ajoutez le tofu, les germes de soja et laissez frémir 5 à 8 minutes en tournant de temps en temps. Versez dans une soupière et servez aussitôt.

Pour 4 personnes

Soupe glacée au haddock

500 g de haddock
30 cl de lait
30 cl d'eau
2-3 citrons pelés, en rondelles
1 bouquet garni
2 avocats mûrs
30 cl de fumet de poisson (voir page 146)
1 cuillère à soupe de yaourt nature
sel et poivre
1 pincée de muscade
1 cuillère à soupe de ciboulette hachée

Mettez le poisson dans une casserole avec le lait et l'eau, ajoutez les rondelles de citron, le bouquet garni et faites pocher 5-6 minutes.

Retirez le poisson et laissez-le refroidir. Passez le liquide de cuisson et mettez-le de côté.

Émiettez grossièrement le poisson. Pelez les avocats, dénoyautez-les et coupez grossièrement la chair. Passez poisson et avocat au mixeur, puis incorporez le liquide réservé. Versez dans une soupière.

Incorporez le yaourt, salez, poivrez et ajoutez la muscade. Mettez à glacer au réfrigérateur. Décorez avec la ciboulette avant de servir.

Pour 4 personnes

Chaudrée de poissons

2 cuillères à soupe d'huile
1 oignon moyen coupé fin
1 boîte (400 g) de tomates passées au tamis
1 carotte émincée
1 branche de céleri émincée
500 g de poisson blanc en morceaux, sans la peau
250 g de pommes de terre, pelées et coupées en dés
50 cl d'eau
poivre noir
30 cl de lait
persil haché pour décorer

Faites chauffer l'huile dans une grande casserole, ajoutez les légumes (sauf les pommes de terre) et tournez 5 minutes. Ajoutez le poisson, les pommes de terre, l'eau, portez doucement à ébullition, écumez, puis baissez le feu, couvrez et laissez frémir 20 à 30 minutes. Ajoutez le lait et laissez réchauffer. Rectifiez l'assaisonnement et ajoutez le persil juste avant de servir.

Pour 4 à 6 personnes

Crème de merlan ; soupe orientale

HORS D'ŒUVRE

Le choix du plat principal est rarement un problème ; il dépend de la saison et des invités. Mais de quel hors-d'œuvre le faire précéder ? Voici plus de cinquante suggestions succulentes.

Beaucoup de ces recettes sont classiques : les moules marinières, le saumon mariné, la petite friture ; d'autres sont plus insolites comme les moules au curry, la salade aux fruits de mer et la mousse d'olives au thon.

Le choix des hors-d'œuvre dépend du plat de résistance. Composer un menu est tout un art. Équilibre est le mot-clef de votre réussite. Équilibre entre le chaud et le froid, le léger et le copieux, le nourrissant et le raffiné, l'épicé et le subtil. Un repas doit toujours offrir des saveurs, des textures et des couleurs variées.

L'autre équilibre à trouver est celui de votre emploi du temps. La plupart de ces hors-d'œuvre peuvent se préparer à l'avance, vous permettant ainsi de consacrer du temps à un plat principal plus complexe.

Pâtés et terrines, par exemple, peuvent être confectionnés 48 heures à l'avance et se conserver au réfrigérateur ; ce laps de temps permettra aux saveurs de se mêler intimement. D'autres plats, comme les clovisses à la crème, peuvent être cuisinés quelques heures à l'avance et recevoir une garniture fraîche au moment de les servir. D'autres encore, comme la petite friture, doivent être faits à la dernière minute ; mais en réalité, ils sont simples et rapides à préparer.

Quel que soit votre choix, il faut vous rappeler que le hors-d'œuvre n'est qu'un prélude et que les portions doivent être modestes. Son but est de stimuler, non de couper l'appétit, de l'aiguiser, non de le rassasier.

Mousse aux sardines

1 boîte de sardines à l'huile (environ 130 g), égouttées
zeste râpé et jus de 1/2 citron
5 cuillères à soupe de yaourt nature
50 g de fromage blanc non battu
2-3 cm de concombre haché
poivre
POUR DÉCORER
4 rondelles de concombre
4 branches de persil

Disposez les sardines dans une jatte avec le reste et le jus de citron, puis écrasez à la fourchette jusqu'à ce que vous obteniez un mélange lisse. Battez le fromage blanc, le yaourt et le concombre ; poivrez. Répartissez dans 4 ramequins et mettez à glacer.

Décorez avec les rondelles de concombre et le persil.

Pour 4 personnes

Mousse au haddock

175 g de haddock
1 œuf dur haché
20 cl de yaourt nature maigre
1 cuillère à café de gélatine
1 cuillère à soupe d'eau
1 cuillère à café de jus de citron
sel et poivre
cresson et tranches d'œuf dur

Faites pocher le haddock 6 minutes dans de l'eau. Égouttez-le, puis émiettez-le. Mélangez-le avec l'œuf et le yaourt. Faites dissoudre la gélatine au bain-marie avec l'eau et le jus de citron. Laissez refroidir, puis incorporez-la au poisson, salez et poivrez. Répartissez le mélange dans quatre ramequins et laissez-les au réfrigérateur jusqu'à ce que cela soit pris. Décorez avec le cresson et les tranches d'œuf.

Pour 4 personnes

Cocktail de crevettes au bleu

Cocktail de crevettes au bleu

Feuilles de laitue
125 g de bleu d'Auvergne coupé en cubes
50 g de crevettes décortiquées
2 branches de céleri hachées
5 cm de concombre coupé en dés
SAUCE :
2 cuillères à soupe de mayonnaise
2 cuillères à soupe de ketchup
1 cuillère à soupe de yaourt nature
1 cuillère à soupe de yaourt nature
sel et poivre
POUR DÉCORER
4 crevettes roses entières

Ciselez la laitue et répartissez dans 4 plats individuels. Mélangez le fromage, les crevettes, le céleri et le concombre, puis répartissez dans les plats.

Mélangez la mayonnaise, le ketchup, le yaourt, salez et poivrez.

Juste au moment de servir répartissez la sauce sur les plats et décorez avec les crevettes.

Pour 4 personnes

Croûtes de crevettes au sésame

175 g de crevettes décortiquées
125 g de filets d'églefin
2 œufs
sel et poivre
4 tranches de pain de mie grillé, la croûte retirée
4 cuillères à soupe de graines de sésame
huile à friture
persil pour décorer

Passez au mixeur les crevettes, le poisson, 1 œuf. Salez, poivrez et répartissez sur le pain grillé.

Battez le deuxième œuf et badigeonnez-en le mélange précédent, puis pressez dessus les graines de sésame.

Faites frire 2 minutes dans de l'huile très chaude. Égouttez et découpez pour obtenir 8 à 12 bâtonnets.

Servez chaud, décoré avec du cresson.

Pour 4 personnes

Ravioli aux fruits de mer

250 g de pâte (voir page 132)
1 boîte (200 g) de thon au naturel égoutté
1 boîte (50 g) d'anchois égouttés
2-3 branches de basilic ou de persil haché
2 cuillères à café de zeste de citron râpé
sel et poivre
sauce tomate à l'orange (voir page 150) ou 50 g de beurre
parmesan râpé

Mettez la pâte à glacer au réfrigérateur pendant la préparation de la garniture.

Passez le thon et les anchois au mixeur. Versez dans une jatte, puis incorporez le basilic, le zeste de citron, salez et poivrez.

Divisez la pâte en deux et étalez chaque partie en un rectangle de 45 × 15 cm. Disposez 1 cuillère à café du mélange tous les 5 cm sur l'un des rectangles. Badigeonnez d'eau les bords et les espaces de pâte autour de la garniture. Recouvrez délicatement avec le deuxième rectangle et pressez bien sur les bords et entre les tas de garniture. Découpez les ravioli avec une roulette à pâtisserie.

Portez une grande casserole d'eau salée à ébullition et plongez-y les ravioli. Laissez-les cuire 8 à 10 minutes, puis égouttez-les. Servez-les nappés de sauce tomate ou de beurre, saupoudrés de parmesan.

Pour 4 à 6 personnes

Croûtes de crevettes au sésame ; ravioli aux fruits de mer

Moules au curry

2 kg de moules grattées
25 g de beurre
1 petit oignon haché
1 cuillère à café de curry
1 cuillère à café de concentré de tomates
4 cuillères à soupe de vin blanc sec
1 cuillère à soupe de raisins de Corinthe
sel et poivre
15 cl de crème fraîche
15 cl de mayonnaise
jus de 1/2 citron
POUR SERVIR :
350 g de riz long, cuit et refroidi
persil

Faites cuire les moules 5 minutes dans une casserole contenant 30 cl d'eau bouillante. Jetez celles qui ne se sont pas ouvertes. Gardez-en dans leur coquille pour décorer et retirez les autres des coquilles.

Faites fondre le beurre dans une casserole et faites revenir 2 à 3 minutes l'oignon. Ajoutez en tournant le curry, puis le concentré de tomates, le vin, les raisins, salez et poivrez.

Laissez la sauce refroidir. Fouettez légèrement la crème, puis incorporez-la à la sauce avec la mayonnaise additionnée du jus de citron. Couvrez et mettez quelques heures au frais, puis incorporez les moules.

Répartissez le riz dans des plats individuels et disposez les moules au centre. Décorez avec des moules dans leur coquille et du persil.

Pour 4 à 6 personnes

Terrine de poisson

500 g de filets de plie, la peau retirée
350 g de haddock
150 g de yaourt nature
2 œufs
zeste râpé et jus de 1 citron
250 g d'œufs de cabillaud fumés
1 cuillère à soupe de concentré de tomates
poivre blanc
POUR DÉCORER :
rondelles de citron
brins de persil

Garnissez une terrine de 1 kg avec la plupart des filets de plie.

Passez au mixeur le haddock, 7 cuillères à soupe de yaourt, 1 œuf, le zeste et le jus de citron, puis versez-en la moitié dans la terrine.

Passez au mixeur les œufs de cabillaud avec le reste de yaourt, le concentré de tomates et le jaune du dernier œuf. Battez le blanc d'œuf en neige très ferme et incorporez-le au mélange. Répartissez dans la terrine, salez et poivrez, puis couvrez avec le reste de filets de plie.

Couvrez avec un couvercle ou du papier aluminium, posez la terrine dans un plat rempli à moitié d'eau et faites cuire 1 heure à 180°. Laissez redroidir.

Démoulez sur un plat de service. Décorez avec les rondelles de citron et le persil.

Pour 6 à 8 personnes

Concombre farci

1 gros concombre coupé en 8 morceaux
75 g de petits-suisses
2 cuillères à soupe de jus de citron
125 g de crevettes
1 boîte (90 g) de poivrons rouges, égouttés et hachés
8 feuilles de menthe hachées
sel et poivre
paprika

Évidez le centre de chaque morceau de concombre et posez-les verticalement sur le plat de service.

Mélangez les petits-suisses et le jus de citron. Mettez de côté 8 crevettes pour décorer. Ajoutez le restant aux petits-suisses ainsi que les poivrons et la menthe. Salez, poivrez, ajoutez le paprika et mélangez bien.

Répartissez cette farce entre les morceaux de concombre et décorez avec les crevettes.

Pour 4 personnes

Tartelettes au poisson

PÂTE :
250 g de farine
125 g de beurre
2-3 cuillères à soupe d'eau glacée
GARNITURE :
6 petits filets de plie, la peau retirée
30 cl de lait
sel et poivre
125 g de crevettes décortiquées
25 g de beurre
25 g de farine
2 cuillères à soupe de persil haché
1 jaune d'œuf

Tamisez la farine dans une jatte, puis incorporez le beurre du bout des doigts jusqu'à ce que cela soit grumeleux. Ajoutez l'eau peu à peu pour lier.

Pétrissez légèrement sur une surface farinée. Étalez la pâte et garnissez-en six moules à tartelette de 8 cm de diamètre. Garnissez de papier sulfurisé et de haricots, puis faites cuire 10 minutes à 200°. Retirez le papier et les haricots et remettez au four 5 minutes. Démoulez et laissez refroidir sur une grille.

Roulez les filets de plie et posez-les dans un plat à four beurré avec 4 cuillères à soupe de lait, salez, poivrez et couvrez de papier beurré. Faites cuire 10 minutes à 220°.

Répartissez les crevettes dans les tartelettes, puis les filets de plie et mettez de côté le liquide de cuisson.

Faites fondre le beurre dans une petite casserole, ajoutez la farine, puis incorporez le lait et le jus de cuisson. Portez à ébullition, puis ajoutez le persil, salez et poivrez. Laissez légèrement refroidir avant d'incorporer le jaune d'œuf en fouettant.

Versez la sauce dans les tartelettes et faites dorer sous le gril. Servez aussitôt.
Pour 6 personnes

A GAUCHE : *Moules au curry*
A DROITE : *Salade de fruits de mer*

Salade de fruits de mer

4 calamars
4-6 coquilles Saint-Jacques coupées en quatre
12 moules grattées
250 g de crevettes décortiquées
1 boîte (200 g) de chair de crabe égouttée
4 cuillères à soupe d'huile d'olive
2 cuillères à soupe de jus de citron
1 gousse d'ail écrasée
2 cuillères de persil haché
sel et poivre
rondelles de citron pour décorer

Nettoyez les calamars et coupez-les en petits morceaux.

Faites cuire les coquilles Saint-Jacques 2 à 3 minutes dans 30 cl d'eau bouillante. Retirez-les de la casserole et mettez-les de côté.

Faites cuire les calamars 15 minutes dans la casserole. Quand ils sont tendres, retirez-les et mettez-les de côté.

Faites cuire les moules dans la casserole 5 minutes jusqu'à ce qu'elles soient ouvertes ; jetez celles qui ne le sont pas. Égouttez-les et retirez une de leurs 2 coquilles.

Mettez tous les ingrédients dans une jatte. Mélangez l'huile, le jus de citron, l'ail, le persil, salez et poivrez. Versez dans la jatte et tournez bien. Couvrez et mettez 30 minutes au réfrigérateur.

Décorez de rondelles de citron.
Pour 4 à 6 personnes

Mousse de haddock

175 g de haddock
10 cl de lait
1 feuille de laurier
15 g de beurre
1 cuillère à soupe de farine
1 cuillère à soupe de jus de citron
4 cuillères à soupe de crème fraîche
sel et poivre

Mettez le haddock, le lait et le laurier dans une casserole. Portez à ébullition, couvrez et laissez frémir 10 minutes. Passez et réservez le liquide : effeuillez le poisson.

Faites fondre le beurre dans une casserole et ajoutez la farine. Incorporez peu à peu le liquide réservé et laissez bouillir, tout en tournant, jusqu'à épaississement. Hors du feu, incorporez le jus de citron, puis le poisson. Fouettez la crème et incorporez-la au mélange quand elle est épaisse. Salez, poivrez. Répartissez dans 2 ramequins et laissez au frais.

Pour 2 personnes

Crêpes au haddock

Crêpes au haddock

500 g de haddock
50 g de beurre
1 petit oignon haché
40 g de farine
30 cl de lait
6 cuillères à soupe de crème fraîche
1 cuillère à soupe de jus de citron
1 cuillère à soupe de ciboulette hachée
1 cuillère à soupe de persil haché
125 g de gruyère râpé
sel et poivre
2 cuillères à soupe de parmesan râpé

CRÊPES :
125 g de farine
1 pincée de sel
1 œuf
30 cl de lait
2 cuillères à soupe d'eau froide
huile

POUR DÉCORER :
quartiers de citron
romarin (facultatif)

Préparez d'abord les crêpes. Tamisez la farine et le sel dans une jatte, faites un trou au centre, et versez-y l'œuf et la moitié du lait. Tournez jusqu'à ce que le mélange soit lisse. Incorporez peu à peu le reste de lait et l'eau.

Faites chauffer de l'huile dans une poêle de 15 à 18 cm de diamètre.

Versez-y 2 cuillères à soupe de pâte. Quand le dessous de la crêpe est doré, retournez-la et laissez cuire l'autre côté. Répétez cette opération jusqu'à épuisement de la pâte. Au fur et à mesure qu'elles sont cuites, empilez-les sur une assiette en les séparant avec du papier paraffiné.

Mettez le haddock dans une casserole en ajoutant suffisamment d'eau pour qu'il soit couvert. Portez à ébullition, couvrez et laissez frémir 10 minutes. Égouttez-le et émiettez-le.

Faites fondre le beurre dans une casserole, et faites revenir 5 minutes l'oignon, sans prendre couleur. Ajoutez la farine et tournez 1 minute. Incorporez peu à peu le lait, sans cesser de tourner, portez à ébullition et laissez cuire 2 minutes. Incorporez la crème, le jus de citron, les herbes, le gruyère, poivrez et tournez jusqu'à ce que le fromage soit fondu. Incorporez le haddock et salez.

Répartissez ce mélange sur les crêpes et roulez-les. Disposez-les dans un plat à four et saupoudrez-les de parseman. Couvrez de papier aluminium et faites cuire 25 minutes au four (180°).

Retirez le papier aluminium et remettez 5 minutes au four pour que les crêpes dorent. Servez aussitôt décoré avec les quartiers de citron et le romain.

Pour 6 personnes

Petits crabes farcis

4 petits crabes cuits
jus de 1/2 citron
25 g de beurre
1 petit oignon haché
10 cl de cognac
1 cuillerée à café de sauce Worcester
1 cuillère à café de moutarde
1 cuillère à café de thym
2 cuillères à café de persil haché
30 cl de crème fraîche
sel et poivre
2 cuillères à soupe de chapelure
1 cuillère à soupe de gruyère râpé
4 grosses crevettes roses pour décorer

Otez les pattes des crabes et cassez-les pour en retirer la chair. Retirez la chair blanche et brune du corps des crabes, et jetez le reste.

Émiettez la chair dans une jatte et arrosez-la de jus de citron. Nettoyez bien les carcasses et mettez-les de côté.

Faites fondre le beurre dans une casserole et faites-y dorer l'oignon. Versez le cognac et faites cuire à feu vif jusqu'à ce que le liquide ait réduit des deux tiers.

Ajoutez la sauce Worcester, la moutarde et les herbes. Versez la crème et laissez épaissir, puis incorporez la chair de crabe. Salez et poivrez.

Répartissez ce mélange dans les carcasses, saupoudrez de chapelure et de gruyère. Faites dorer sous le gril. Servez chaud, décoré avec les crevettes.

Pour 4 personnes

Beignets de fruits de mer

4 calamars
6 grosses crevettes décortiquées
2 filets de plie, coupés en morceaux de 5 cm
huile à friture
PÂTE :
125 g de farine
1 pincée de sel
2 cuillères à soupe d'huile
15 cl d'eau
1 blanc d'œuf, légèrement battu
POUR DÉCORER :
rondelles de citron
persil frit

Nettoyez les calamars, puis coupez-les en petits morceaux. Plongez-les 2 minutes dans une casserole d'eau bouillante. Égouttez-les et essuyez-les sur du papier absorbant. Mettez-les de côté avec les crevettes et les filets de plie.

Pour préparer la pâte, tamisez la farine et le sel dans une jatte, puis ajoutez peu à peu l'huile et l'eau, et terminez par le blanc d'œuf.

Faites chauffer l'huile à friture à 190°. Passez chaque ingrédient dans la pâte et plongez-le dans l'huile jusqu'à ce qu'il soit doré. Égouttez-le sur du papier absorbant et tenez-le au chaud jusqu'à ce que tout soit cuit.

Disposez les beignets sur un plat de service chaud. Décorez avec des rondelles de citron et du persil.

Pour 6 personnes

Petits crabes farcis ; beignets de fruits de mer

Moules marinières

50 g de beurre ramolli
6 échalotes hachées fin
1 bouquet garni (persil, thym, laurier)
45 cl de vin blanc sec
sel et poivre
3,5 l de moules grattées et nettoyées
persil haché pour décorer

Faites fondre la moitié du beurre dans une casserole et faites-y revenir doucement les échalotes. Ajoutez le bouquet garni, le vin, salez et poivrez.

Portez à ébullition, ajoutez les moules, couvrez et laissez cuire 5 minutes jusqu'à ce qu'elles s'ouvrent ; jetez celles qui restent fermées. Retirez les moules avec une écumoire, mettez les dans un plat de service et tenez-les au chaud.

Faites réduire la sauce de moitié. Retirez le bouquet garni et passez.

Versez la sauce sur les moules et saupoudrez de persil.

Pour 6 peronnes

Lotte marinée

500 g de lotte
jus de 2 citrons
4 tomates pelées, épépinées, coupées en dés
1 poivron vert évidé, en dés
4 cuillères à soupe d'huile d'olive
1 cuillère à soupe de vinaigre de vin blanc
2 cuillères à soupe de persil haché
sel et poivre
POUR DÉCORER :
1 petite laitue
1 avocat pelé et émincé
6 olives noires dénoyautées et émincées

Retirez la peau et l'arête du poisson, puis coupez la chair en dés. Mettez-les dans une jatte et arrosez de jus de citron. Laissez mariner au moins 3 heures, ou si possible toute une nuit.

Ajoutez les tomates, le poivron, ainsi que le reste des ingrédients, salez, poivrez et mélangez bien.

Garnissez 6 assiettes de feuilles de laitue. Répartissez le mélange et décorez avec l'avocat et les olives.

Pour 6 personnes

Risotto aux fruits de mer

50 g de beurre
1 gros oignon haché
2 gousses d'ail écrasées
350 g de riz
30 cl de vin blanc sec
1 bouquet garni
sel et poivre
1 l de bouillon de poule (environ)
6 coquilles Saint-Jacques, hachées
12 moules grattées
12 crevettes cuites non décortiquées
2 cuillères à soupe de persil haché

Faites fondre le beurre dans une casserole et faites légèrement dorer l'oignon et l'ail. Ajoutez le riz et le vin, puis le bouquet garni, salez et poivrez. Versez deux tiers du bouillon, portez à ébullition et laissez cuire à feu vif 10 minutes.

Pendant ce temps, plongez 5 minutes les Saint-Jacques et les moules à l'eau bouillante salée jusqu'à ce que les moules soient ouvertes ; jetez celles qui ne le sont pas. Égouttez-les bien.

Ajoutez les Saint-Jacques, les moules et les crevettes au riz. Ajoutez un peu de bouillon si nécessaire ; ne laissez pas le risotto se dessécher. Laissez chauffer encore 3 à 5 minutes ; le riz doit être cuit et le liquide complètement absorbé. Jetez le bouquet garni.

Saupoudrez de persil.

Pour 6 à 8 personnes

Mousse d'anguille fumée

350 g d'anguille fumée
125 g de fromage blanc non lissé
15 cl de crème fraîche
1 cuillère à soupe de jus de citron
2 cuillères à soupe de persil haché
sel et poivre
POUR DÉCORER :
feuilles de laitue
rondelles de concombre
rondelles de citron

Retirez la peau et les arêtes de l'anguille et émiettez-la. Passez-la au mixeur avec le reste des ingrédients, salez et poivrez. Versez dans une jatte et laissez au réfrigérateur jusqu'au moment de servir.

Répartissez la mousse dans des assiettes recouvertes de feuilles de laitue. Décorez avec le concombre et le citron.

Pour 4 personnes

Spaghetti aux moules

1 kg de moules grattées
2 cuillères à soupe d'huile d'olive
1 petit oignon haché
2-3 gousses d'ail écrasées
1 boîte (400 g) de tomates
3 cuillères à soupe de concentré de tomates
2 cuillères à soupe de vin blanc sec
2 cuillères à soupe de persil haché
1 bouquet garni
sel et poivre
350 g de spaghetti
parmesan pour servir

Faites cuire les moules 5 minutes dans une casserole d'eau bouillante, jusqu'à ce qu'elles s'ouvrent ; jetez cells qui ne le sont pas. Retirez les moules de leur coquille et mettez-les de côté.

Faites chauffer l'huile dans une casserole et faites-y revenir doucement 5 à 7 minutes l'oignon et l'ail. Ajoutez les tomates et leurs jus, le concentré, le vin, le persil, le bouquet garni, salez et poivrez. Laissez cuire, sans couvrir, 25 à 30 minutes.

Pendant ce temps, faites cuire les spaghetti à l'eau bouillante salée 10 à 12 minutes ; égouttez-les bien.

Retirez le bouquet garni et ajoutez les moules à la sauce ; faites réchauffer doucement et incorporez les spaghetti. Servez aussitôt avec du parmesan.

Pour 4 à 6 personnes

A GAUCHE : *risotto aux fruits de mer*
A DROITE : *pâté de maquereau au poivre vert*

Pâtés de maquereau au poivre vert

350 g de maquereaux fumés, émiettés
50 g de beurre ramolli
15 cl de crème fraîche
1 cuillère à soupe de jus de citron
1/2 cuillère à café de tabasco
1 cuillère à soupe de persil haché
1 cuillère à soupe de poivre vert, égoutté et légèrement écrasé
feuille d'aneth frais
3 cuillères à soupe de beurre clarifié, fondu

Passez au mixer maquereau et beurre. Mettez dans une jatte.

Fouettez la crème jusqu'à ce qu'elle soit ferme, puis incorporez au mélange ainsi que le jus de citron et le tabasco. Rectifiez l'assaisonnement si nécessaire. Incorporez le persil, le poivre vert, puis répartissez dans 6 ramequins et lissez la surface.

Disposez une branche d'aneth sur chacun, puis nappez doucement de beurre clarifié. Mettez à glacer au réfrigérateur au moins 30 minutes jusqu'à ce que le beurre ait durci. Servez glacé avec des toasts beurrés.

Pour 6 personnes

Taramasalata

175 g d'œufs de cabillaud fumés émiettés
100 g de fromage blanc
50 g de mie de pain
2 cuillères à soupe de jus de citron
8-10 cuillères à soupe d'huile
poivre
œufs de lump
quartiers de citron

Passez au mixeur les œufs de poisson, le fromage, la mie de pain et le jus de citron.

Incorporez peu à peu l'huile, tout en laissant tourner le mixeur, poivrez et laissez 2 heures au réfrigérateur.

Décorez avec les œufs de lump et les quartiers de citron. Servez avec du pain grillé.

Pour 4 personnes

Terrines aux deux poissons

125 g de pointes d'asperges blanchies
50 g de crevettes décortiquées
GARNITURE DE LOTTE :
300 g de lotte, arête et peau retirées, coupée gros
2 cuillères à soupe de vin blanc sec
2 cuillères à soupe de crème fraîche
2 cuillères à soupe d'estragon haché
1 cuillère à soupe de cerfeuil haché
sel et poivre
1 œuf battu
GARNITURE DE SAUMON :
300 g de saumon
2 cuillères à soupe de crème fraîche
1/2 cuillère à café de tabasco

Beurrez des terrines individuelles de 10 × 6 × 4 cm. Disposez sur le fond des terrines les pointes d'asperges et les crevettes.

Passez au mixeur la lotte et le reste des ingrédients de sa garniture, avec la moitié de l'œuf. Répartissez dans les terrines.

Passez au mixeur les ingrédients de la garniture au saumon avec le reste d'œuf et répartissez dans les terrines.

Couvrez-les de papier aluminium et faites cuire 15-20 minutes au bain-marie au four (180°).

Démoulez les terrines sur des assiettes et servez avec une sauce hollandaise (page 148).

Si vous préférez, mettez à glacer plusieurs heures au réfrigérateur et démoulez 30 minutes avant de servir pour que les terrines soient à température ambiante.

Pour 4 personnes

Coquilles Saint-Jacques au citron vert

350 g de vanneaux ou de coquilles Saint-Jacques
jus de 2 citrons verts
sel et poivre
2 cuillères à soupe d'aneth haché
1/4 de concombre en dés
2 cuillères à café d'huile
POUR DÉCORER
citron vert

Mettez les coquilles Saint-Jacques dans une casserole avec le jus de citron, salez, poivrez, portez à ébullition et laissez frémir 2-3 minutes.

Retirez du feu et laissez refroidir. Ajoutez l'aneth, le concombre, l'huile, puis versez dans un plat et laissez 2 heures au réfrigérateur. Décorez de citron.

Pour 4 personnes

Note : les vanneaux sont plus petits que les coquilles Saint-Jacques.

CI-DESSUS : *coquilles Saint-Jacques au citron vert ; tarama ; terrine aux deux poissons*

A DROITE : *cannelloni de maquereaux ; petite friture ; haddock aux poireaux*

Cannelloni de maquereaux

175 g de maquereaux fumés émiettés
100 g de fromage blanc non lissé
125 g d'épinards cuits
sel et poivre
8 cannelloni
30 cl de sauce tomate (page 149)
2 cuillères à soupe de parmesan râpé

Mélanger le poisson, le fromage, les épinards, salez, poivrez, répartissez dans les cannelloni et posez-les dans un plat à four. Versez dessus la sauce tomate, saupoudrez de fromage.

Faites cuire 15-20 minutes au four (180°).

Pour 4 personnes

Petite friture

3 cuillères à soupe de farine
1/2 cuillère à café de sel
1/4 cuillère à café de paprika
500 g de petite friture
huile à friture
POUR DÉCORER :
persil haché
quartiers de citron

Mélangez la farine avec le sel et le paprika, puis passez-y la friture.

Plongez, par fournées, la friture 2-3 minutes dans l'huile chaude et laissez dorer. Égouttez sur du papier absorbant, puis disposez sur un plat de service chaud. Saupoudrez de persil, décorez de quartiers de citron et servez aussitôt.

Pour 4 personnes

Haddock aux poireaux

250 g de haddock
65 g de beurre
2 poireaux coupés en rondelles
500 g de pommes de terre cuites en dés
15 cl de crème fraîche
sel et poivre
1 cuillère à soupe de persil haché pour décorer

Mettez le haddock sur une assiette posée sur une casserole d'eau bouillante. Parsemez-le de 15 g de beurre, couvrez et laissez cuire 10 minutes.

Faites fondre le reste de beurre dans une casserole, ajoutez et faites revenir 5 minutes les poireaux. Ajoutez les pommes de terre, le poisson, puis incorporez la crème, salez et poivrez. Décorez avec le persil haché avant de servir.

Pour 4 personnes

Clovisses à la crème

1,5 kg de coques
25 g de beurre
quelques brins de persil
1 oignon émincé
15 cl de vin blanc sec
15 cl de crème fraîche
sel et poivre
1 cuillère à soupe d'aneth ou de fenouil haché pour décorer

Faites tremper les coques 1 à 2 heures dans de l'eau fraîche, puis lavez-les à l'eau froide. Mettez-les dans une casserole avec le beurre, le persil, l'oignon et le vin.

Couvrez et laissez cuire 4 minutes à feu vif. Passez le jus de cuisson et mettez-le de côté.

Avec une aiguille retirez les coques de leur coquille et tenez-les au chaud. Faites réduire le jus de cuisson de moitié en le faisant bouillir. Retirez-le du feu, incorporez-lui la crème, salez, poivrez. Faites réchauffer doucement sans bouillir.

Disposez les coques dans un plat de service chaud, nappez-les de sauce et décorez avec l'aneth.

Pour 4 personnes

Mousse de crabe aux herbes

Mousse de crabe aux herbes

250 g de chair de crabe
2 cuillères à soupe de gruyère râpé
15 cl de crème fraîche
2 cuillères à soupe d'estragon haché
1 cuillère à soupe de cerfeuil haché
1 cuillère à soupe de basilic haché
1 cuillère à soupe de jus de citron
sel et poivre
15 g de gélatine trempée dans 3 cuillères à soupe d'eau froide
2 blancs d'œufs
POUR DÉCORER :
concombre
herbes fraîches

Émiettez la chair de crabe dans une jatte. Ajoutez et mélangez le fromage, la crème, les herbes, le jus de citron, salez, poivrez.

Faites chauffer doucement la gélatine pour la dissoudre, puis incorporez-la au mélange précédent.

Battez les blancs d'œufs en neige très ferme et incorporez-les délicatement au mélange.

Versez dans un moule de 20 cm de diamètre et laissez prendre plusieurs heures au réfrigérateur.

Démoulez sur un plat de service et décorez de concombre en rondelles et d'herbes.

Pour 6 personnes

Sardines à la diable

500 g de sardines
1 cuillère à soupe de moutarde
1 cuillère à café de tabasco
1 pincée de paprika
cresson pour décorer

Rincez les sardines, essuyez-les et posez-les sur une plaque à four beurrée.

Mélangez la moutarde avec le tabasco et badigeonnez-en le poisson. Faites cuire 3 minutes sous le gril. Tournez délicatement, badigeonnez et laissez encore cuire 3 minutes sous le gril.

Saupoudrez de paprika, décorez avec le persil et servez accompagné d'une sauce niçoise (voir page 152).

Pour 4 personnes

A DROITE : *profiteroles au saumon fumé ; mousse de truite au pastis*

Profiteroles au saumon fumé

50 g de beurre
15 cl d'eau
125 g de farine
1 pincée de cayenne
2 œufs
GARNITURE :
2 cuillères à soupe de crème fraîche
1 cuillère à café de concentré de tomates
poivre noir
50 g de saumon fumé émincé
POUR DÉCORER :
cayenne
branches de persil
quartiers de citron

Portez à ébullition dans une casserole le beurre et l'eau. Retirez du feu, ajoutez en une fois la farine, le cayenne et tournez jusqu'à ce que la pâte se détache des bords de la casserole. Laissez refroidir un peu, puis incorporez les œufs un à un.

Disposez 18 cuillères à café de cette pâte sur une plaque à pâtisserie beurrée et faites cuire 20 minutes à 180°. Laissez refroidir sur une grille.

Pendant ce temps, préparez la garniture : mélangez la crème, le concentré, le poivre, les lanières de saumon.

Fendez les choux, répartissez la garniture, saupoudrez de cayenne selon votre goût et décorez avec le persil et les quartiers de citron.

Pour 6 personnes

Mousse de truite au pastis

325 g de filets de truite fumée émiettée
125 g de fromage blanc
125 g de carré frais Gervais
jus de 1/2 citron
1 cuillère à café de pastis
poivre noir
rondelles de citron coupées en quatre pour décorer

Mélangez tous les ingrédients, soit à la main, soit au mixeur. Répartissez dans des ramequins et mettez à glacer au réfrigérateur.

Décorez avec le citron et servez avec du pain grillé.

Pour 6 personnes

Poisson fumé

Il existe deux méthodes de fumage : une à froid comme pour les kippers et le haddock qui ont une saveur fumée, mais la chair encore crue nécessite d'être cuite. Une méthode à chaud comme pour les maquereaux, le saumon ou la truite, fumés à température élevée et « cuits » dans la chaleur.

Raie à la mayonnaise

1 kg de raie
1 l d'eau
2 cuillères à soupe de vinaigre
1 carotte émincée
1 oignon émincé
12 grains de poivre légèrement écrasés
sel
3 cuillères à soupe de vinaigrette (voir page 153)
30 cl de mayonnaise (voir page 152)
POUR DÉCORER :
feuilles de laitue
câpres
persil haché

Mettez la raie dans l'eau avec le vinaigre, la carotte, l'oignon, les grains de poivre et le sel. Portez doucement à ébullition et laissez frémir 10 à 15 minutes.

Égouttez-la, disposez-la sur un plat et mouillez-la de vinaigrette.

Répartissez les feuilles de salade sur un plat de service, disposez dessus la raie, nappez-la de mayonnaise et décorez avec les câpres et le persil. Servez glacé.

Pour 4 personnes

Mousse d'églefin

750 g de filets d'églefin
3 cuillères à soupe d'huile de tournesol
125 g de fromage blanc
4 œufs
jus de 1/2 citron
sel et poivre
125 g de carottes coupées en julienne
2 brins de persil haché
2 branches de fenouil hachées

Coupez le poisson en morceaux et passez-les au mixeur avec l'huile, le fromage blanc, les œufs, le jus de citron, le sel, le poivre.

Versez la moitié de cette purée dans une terrine de 1 kg garnie de papier sulfurisé beurré.

Faites blanchir les carottes et répartissez dans la terrine, ainsi que les herbes, puis couvrez du reste de purée.

Faites cuire au bain-marie 45 minutes à 160°.

Démoulez la mousse, retirez le papier et coupez en tranches. Servez avec une salade de tomates.

Pour 4 personnes

Mulets farcis ; méli-mélo de poissons

Mulets farcis

2 mulets de 500 g chacun, écaillés et nettoyés
8 feuilles de sauge hachées
4 tranches de lard fumé hachées
40 g de mie de pain
sel et poivre
50 g de beurre
15 cl de vermouth sec
feuilles de sauge pour décorer

Faites 3 ou 4 incisions sur chaque côté des poissons. Pilez ensemble la sauge et le lard et insérez-en une partie dans les incisions. Mélangez le reste avec la mie de pain, salez, poivrez et garnissez-en l'intérieur des poissons.

Beurrez un plat à four, disposez les poissons et faites cuire 15 minutes à 200°. Arrosez de vermouth et remettez au four 10 à 15 minutes. Décorez avec la sauge et servez avec des haricots verts et des pommes à l'eau.

Pour 4 personnes

Méli-mélo de poissons

250 g de calamars
250 g de saumon
250 g de cabillaud
250 g de lotte
1 bulbe de fenouil
1 carotte
1 courgette
2 échalotes hachées
1 cuillère à soupe d'estragon haché
1 cuillère à soupe de persil haché
1 cuillère à soupe de ciboulette hachée
1 cuillère à soupe de cerfeuil haché
1 cuillère à café de poivre vert
2 cuillères à café de zeste d'orange râpé
45 cl de sauce hollandaise (voir page 148)

Coupez les calamars en rondelles et les poissons en bâtonnets. Coupez en julienne le fenouil, la carotte et la courgette. Posez les calamars en une seule couche dans une cocotte à vapeur, couvrez d'une couche de légumes, puis d'une couche de poissons (il est plus facile d'effectuer la cuisson à la vapeur par fournées successives). Terminez par les herbes, les grains de poivre et le zeste d'orange.

Couvrez et faites cuire à la vapeur 3 à 5 minutes.

Répartissez la sauce hollandaise dans 4 assiettes tièdes et disposez le mélange ci-dessus à côté de la sauce.

Pour 4 à 6 personnes

Avocats chauds farcis

1 oignon moyen haché
50 g de beurre fondu
250 g de lard demi-sel découenné et haché
3 gros avocats bien mûrs
2 cuillères à café de jus de citron
sel et poivre
175 g de crevettes décortiquées
POUR DÉCORER :
grosses crevettes roses non décortiquées
quartiers de citron

Faites revenir doucement l'oignon dans le beurre fondu, puis ajoutez le lard et faites revenir jusqu'à ce qu'il devienne transparent. Égouttez et laissez refroidir.

Coupez les avocats en deux, dénoyautez-les et retirez la chair. Réduisez-la en purée, puis ajoutez le jus de citron, salez et poivrez. Incorporez le lard, l'oignon et les crevettes.

Enveloppez la peau des avocats dans du papier aluminium et posez-les dans un plat creux à four. Répartissez le mélange précédent, et faites cuire 15 à 20 minutes à 200°

Servez chaud décoré avec une crevette et un quartier de citron.

Pour 6 personnes

Mousse de truite au citron

6 gros citrons
2 filets de truite fumée, effeuillés
50 g de beurre ramolli
4 cuillères à soupe de crème fraîche
1 cuillère à soupe de ciboulette hachée
1 cuillère à soupe de persil haché
1 pincée de cayenne
sel et poivre blanc
1 cuillère à soupe de fines herbes hachées (menthe, citronnelle, persil) pour décorer

Coupez la pointe des citrons. Extrayez-en le jus et mettez-en 2 cuillères à soupe de côté.

Évidez délicatement les citrons, en évitant de percer la peau. Coupez la base de chacun pour qu'ils puissent tenir debout.

Passez la truite au mixeur avec le beurre, puis ajoutez 1 cuillère à soupe de jus de citron. Battez la crème jusqu'à ce qu'elle devienne ferme et incorporez-la au mélange. Ajoutez les herbes, le cayenne, salez, poivrez. Ajoutez un peu de jus de citron si vous le souhaitez.

Répartissez le mélange dans les citrons. Posez-les dans des plats individuels, décorez-les avec les herbes et entourez-les de glace pilée.

Pour 6 personnes

Moules farcies

4 douzaines de moules fraîches grattées
sel
2 rondelles de citron
2 cuillères à café de jus de citron
125 g de beurre ramolli
3 gousses d'ail écrasées
1 échalote hachée
2 cuillères à soupe de persil haché
3 cuillères à soupe de chapelure
persil pour décorer

Plongez les moules dans une casserole d'eau bouillante salée, ajoutez les rondelles de citron, couvrez et laissez cuire 7 minutes. Retirez-les avec une écumoire et jetez celles qui ne se sont pas ouvertes. Retirez la partie de la coquille qui ne contient pas la moule.

Battez ensemble le reste des ingrédients et répartissez sur les moules. Posez-les sur une plaque et faites cuire 5 minutes au four (200°).

Disposez-les sur un plat de service chaud et décorez avec le persil.

Pour 4 personnes

Brochettes de lotte

750 g de queues de lotte
environ 12 feuilles de laurier
2 cuillères à soupe de beurre fondu
sel et poivre blanc
SAUCE :
4 cuillères à soupe de maïzena
25 cl d'eau froide
zeste râpé de 1 citron
25 g de beurre
3 cuillères à soupe de jus de citron
1 jaune d'œuf
3 cuillères à soupe de madère
2 cuillères à soupe de crème fraîche
sel et poivre blanc

Retirez la peau de la lotte et coupez la chair en cubes que vous répartirez sur 4 brochettes en les alternant avec les feuilles de laurier. Badigeonnez-les de beurre, salez et poivrez.

Faites-les cuire 12 à 15 minutes sous le gril, en les tournant souvent.

Délayez la maïzena avec l'eau dans une casserole. Ajoutez le zeste de citron, le beurre, portez à ébullition sans cesser de tourner. Laissez cuire 2 minutes et retirez du feu.

Fouettez le jus de citron et l'œuf. Incorporez un peu du liquide chaud précédent, puis versez dans la casserole et mélangez bien. Laissez chauffer doucement sans bouillir. Incorporez le madère et la crème, salez et poivrez.

Versez un peu de sauce sur les brochettes et servez le reste dans une saucière.

Pour 4 personnes

Le choix

Il existe deux types de poisson : le poisson à chair blanche dont toute la graisse est concentrée dans le foie, et les poissons gras dont la graisse est répartie dans tout le poisson. Le poisson à chair blanche est rond ou plat. Les gros poissons ronds comme le colin, le cabillaud sont vendus en tranches, en morceaux ou même en filets ; les petits poissons ronds comme le merlan ou l'églefin sont en général vendus en filets. Les gros poissons plats comme la morue, le turbot, la sole, sont vendus en filets ou entiers ; les petits poissons plats comme la plie, la sole, sont vendus à la pièce.

Les poissons gras comme les harengs et les maquereaux, plus petits que les autres espèces, sont riches en vitamines A et B. Ils contiennent principalement des graisses polyinsaturées qui sont bonnes pour le cœur.

A GAUCHE : *moules farcies* A DROITE : *brochettes de lotte*

Petits pots de maquereau

250 g de maquereaux fumés, émiettés
65 g de beurre fondu
50 g de fromage blanc
1 cuillère à café de jus de citron
1 cuillère à soupe de persil haché
1 cuillère à café de raifort râpé
poivre noir
POUR DÉCORER :
rondelles de citron

Mettez le maquereau dans une jatte, ajoutez 25 g du beurre fondu, le fromage et mélangez bien.

Incorporez le jus de citron, le persil, le raifort, poivrez. Répartissez dans 4 ramequins et lissez la surface.

Versez le reste de beurre fondu sur les ramequins et mettez à glacer au réfrigérateur au moins deux heures. Décorez avec les rondelles de citron.

Pour 4 personnes

Mousse d'olives au thon

150 g d'olives vertes farcies
1 boîte (100 g) de thon, égoutté
1 boîte (50 g) de filets d'anchois, égouttés
3 cuillères à soupe de câpres
2 cuillères à café de jus de citron
15 cl d'huile d'olive
1 cuillère à soupe de cognac
1 cuillère à café de moutarde
poivre

Coupez quelques olives en rondelles et mettez-les de côté. Passez le reste des olives avec les autres ingrédients au mixeur.

Disposez dans un saladier et décorez avec les rondelles d'olives réservées. Servez comme un « dip » avec des crackers.

Pour environ 45 cl de mousse

Pâté de saumon frais

750 g de saumon frais ou de truite de mer
1 petit oignon émincé
1 carotte émincée
2 feuilles de laurier
15 cl de vin blanc sec
175 g de beurre réduit en crème
SAUCE :
75 g de beurre
75 g de farine
60 cl de lait
2 cuillères à café de jus de citron
sel et poivre
POUR DÉCORER :
1/2 concombre émincé
1 œuf dur, le jaune passé au tamis et le blanc haché
1 cuillère à soupe de persil haché

Mettez le saumon dans une grande casserole avec l'oignon, la carotte, le laurier, le vin et juste assez d'eau pour couvrir, puis portez doucement à ébullition et laissez frémir 15 à 20 minutes. Laissez refroidir dans le liquide de cuisson.

Pendant ce temps préparez la sauce. Faites fondre le beurre dans une casserole, puis ajoutez la farine en pluie. Chauffez 2 à 3 minutes, puis incorporez peu à peu le lait. Laissez mijoter doucement 3-4 minutes, puis ajoutez le jus de citron, salez, poivrez et laissez refroidir.

Retirez la peau du saumon, émiettez-le et passez-le au mixeur.

Quand tous les ingrédients sont refroidis, mélangez le poisson, la sauce et le beurre en crème. Rectifiez l'assaisonnement et mettez le pâté dans un plat. Couvrez de film transparent jusqu'au moment de servir.

Décorez au dernier moment en mettant les rondelles de concombre tout autour du pâté, puis le blanc d'œuf et terminez par le jaune d'œuf et le persil.

Pour 12 personnes

Anchoïade

4 tranches de pain complet, la croûte retirée
beurre
1 boîte (50 g) d'anchois à l'huile d'olive, égouttés et trempés dans du lait 30 minutes
1 gousse d'ail écrasée
poivre

Faites griller le pain seulement sur un côté et beurrez l'autre côté. Coupez-le en bâtonnets. Égouttez les anchois et réduisez-les en pâte avec l'ail dans un mortier. Poivrez et étalez sur le pain.

Posez-les sur une plaque à pâtisserie et faites cuire 10 minutes à 200°. Servez aussitôt.

Pour 4 personnes

CI-DESSUS : *Salade de poisson et de macaroni ;*
A GAUCHE : *Pâté de saumon frais*

Salade de poisson et de macaroni

500 g de macaroni
sel et poivre
30 cl de mayonnaise
30 cl de lait
25 cl de vinaigrette
1 kg de poisson blanc, cuit et émietté
250 g de crevettes décortiquées
6 branches de céleri hachées
8 cives hachées
500 g de chou blanc coupé en lanières
POUR DÉCORER :
4 œufs durs
Cresson

Faites cuire les macaroni à l'eau bouillante salée selon les indications du paquet. Égouttez-les et laissez-les refroidir.

Mélanger la mayonnaise, le lait, la vinaigrette, salez, poivrez puis incorporez les macaroni. Ajoutez le poisson, les crevettes, le céleri, les cives, le chou et tournez bien. Disposez dans un plat de service et mettez à glacer.

Décorez avec des tranches d'œufs durs et du cresson au moment de servir.

Pour 16 personnes

DÉJEUNERS LÉGERS

Faire un déjeuner léger, ce n'est pas obligatoirement manger un sandwich ou ouvrir une boîte de conserve. Le déjeuner peut être mieux qu'un en-cas avalé sur le pouce, sans être nécessairement compliqué. Quoi de plus simple, par exemple, que des laitances de harengs ou une omelette Arnold Bennett, peu coûteux et rapides à préparer. Si vous disposez d'un peu de temps, pourquoi ne pas confectionner des brioches à la mousse de truite ou de la lotte froide à la sauce Roquefort ? Et si vous avez vraiment envie de briller, essayez quelques recettes savoureuses comme le saumon mayonnaise ou les coquilles Saint-Jacques aux herbes.

Pour un déjeuner rapide mais savoureux ou pour un repas plus élaboré, que vous vouliez faire des économies ou dépenser sans compter, vous avez le choix. En petites quantités, certains de ces plats tiendront lieu de hors-d'œuvre ; en parts copieuses, ils conviendront parfaitement au repas du soir.

Invention et imagination sont essentielles pour une cuisine réussie ; nos suggestions s'adapteront parfaitement à vos besoins.

Omelette Arnold Bennett

50 g de beurre
4 cuillères à soupe de crème fraîche
125 g de haddock cuit et effeuillé
sel et poivre
3 œufs, blancs et jaunes séparés
15 g de parmesan râpé
persil haché pour décorer

Faites fondre la moitié du beurre dans une casserole. Retirez du feu, incorporez la moitié de la crème et le poisson, salez et poivrez.

Incorporez les jaunes d'œufs au mélange. Battez les blancs en neige très ferme et incorporez au mélange ainsi que la moitié du parmesan.

Faites fondre le beurre dans une poêle de 20 cm de diamètre. Versez le mélange et laissez cuire à feu vif jusqu'à ce que cela commence à prendre.

Saupoudrez du reste de parmesan et faites dorer sous le gril. Faites glissez l'omelette sur un plat de service chaud, versez le reste de crème, répartissez le persil et servez aussitôt.

Pour 1 à 2 personnes

Omelette normande

4 moules grattées et ébarbées (facultatives)
50 g de crevettes décortiquées
3 cuillères à soupe de vin blanc sec
1 feuille de laurier
1 branche de persil
3 cuillères à soupe de crème fraîche
sel et poivre
25 g de beurre
3 œufs légèrement battus
POUR DÉCORER :
3-4 crevettes roses non décortiquées
persil

Mettez les moules dans une petite casserole, couvrez-les d'eau, portez à ébullition et laissez frémir 5 minutes. Retirez-les des coquilles et hachez-les.

Mettez les moules et les crevettes dans une petite casserole avec le vin, le laurier, le persil et laissez frémir jusqu'à ce que le liquide soit évaporé. Retirez le laurier et le persil, puis incorporez la crème, salez et poivrer.

Faites fondre le beurre dans une poêle de 20 cm de diamètre, versez les œufs et laissez cuire jusqu'à ce que cela soit presque pris. Répartissez le mélange précédent sur l'omelette, pliez-la en deux et glissez-la sur le plat.

Décorez avec les crevettes et le persil, et servez aussitôt.

Pour 1 à 2 personnes

Omelette aux kippers

4 œufs
4 cuillères à soupe de lait
sel et poivre
25 g de beurre
1 oignon haché
4 tomates coupées en rondelles
2 kippers, en filets et effeuillés
1 cuillère à soupe de ciboulette hachée

Fouettez légèrement les œufs avec le lait, salez et poivrer.

Faites fondre le beurre dans une poêle, versez les œufs et laissez cuire doucement en ramenant les bords vers le centre.

Quand l'omelette est encore baveuse, répartissez dessus l'oignon, les tomates et le poisson. Quand elle est juste prise, répartissez la ciboulette.

Faites glisser l'omelette sur un plat de service chaud et servez aussitôt.

Pour 2 personnes

A GAUCHE : *omelette aux kippers*
A DROITE : *pâté d'anchois aux œufs*

Terrine de poisson aux épinards

350 g d'épinards frais équeutés
1-2 l d'eau
sel et poivre
2 carottes émincées
1 kg de filets de plie
jus de citron
1 boîte (450 g) de saumon, égoutté
2 blancs d'œufs
1 cuillère à café de concentré de tomates
1 cuillère à soupe de crème fraîche
1 pincée de muscade râpée
2 cuillères à café de ciboulette ou de cives hachées

Lavez les épinards et faites-les cuire 1-2 minutes sans les égouttez. Retirez du feu.

Versez l'eau dans une casserole, salez, poivrez, ajoutez les carottes, puis laissez bouillir 1 minute. Retirez du feu.

Tapissez le fond et les côtés d'une terrine de 1 l avec quelques feuilles d'épinards, en mettant des rondelles de carotte entre les feuilles à intervales réguliers. Posez 3-4 filets de plie, salez, poivrez et arrosez de citron.

Retirez la peau et les arêtes du saumon, hachez-le fin et mélangez-le avec 1 blanc d'œuf, le concentré de tomates, la crème ; salez, poivrez.

Hachez le reste des filets de plie, mélangez avec le reste de blanc d'œuf, salez et poivrez. Pressez le reste des épinards, salez, poivrez et ajoutez la muscade.

Étalez dans la terrine les deux-tiers du saumon, couvrez du reste d'épinards et de carottes. Couvrez avec les deux-tiers du poisson haché. Mélangez le reste de saumon avec le reste de poisson haché et la ciboulette, et étalez dans la terrine.

Couvrez de papier aluminium beurré et faites cuire au bain-marie 1 heure à 180°.

Démoulez la terrine et servez chaud ou froid avec une mayonnaise (voir page 152).

Pour 4 à 6 personnes

Pâté d'anchois aux œufs

100 g d'anchois à l'huile
6-8 olives farcies coupées en deux
25 g de beurre
1 oignon haché
1-2 gousses d'ail écrasées
25 g de farine
15 cl de lait
15 cl de fumet de poisson (voir page 146)
3 œufs battus
75 g de mie de pain
50 g de câpres
3 œufs durs hachés
poivre

Beurrez une terrine de 1 kg et garnissez le fond de papier sulfurisé. Disposez sur le fond 8 anchois et les olives. Hachez fin le reste des anchois et mettez-les de côté, ainsi que l'huile.

Faites fondre le beurre dans une casserole et faites revenir l'oignon et l'ail à feu doux 5 minutes. Ajoutez la farine, puis incorporez le lait et le fumet de poisson. Portez à ébullition et tournez jusqu'à épaississement. Hors du feu ajoutez les anchois et l'huile. Ajoutez le reste des ingrédients. Attendez 15 minutes avant de verser dans le moule.

Faites cuire 1 heure à 180°. Laissez refroidir. Démoulez et servez avec une salade.

Pour 8 à 10 personnes

Quiche au saumon et aux asperges

PÂTE :
175 g de farine
1 pincée de sel
125 g de beurre
2 cuillères à soupe de parmesan râpé
1 jaune d'œuf
environ 1 cuillère à soupe d'eau glacée
GARNITURE :
175 g d'asperges
125 g de chutes de saumon fumé
3 œufs
20 cl de crème fraîche
1 cuillère à café de jus de citron
1 cuillère à café de thym
1 cuillère à café de persil haché
poivre noir
POUR DÉCORER :
rondelles de citron vert
persil ou cerfeuil

Tamisez la farine et le sel dans une jatte. Incorporez le beurre du bout des doigts jusqu'à ce que cela forme un mélange grumeleux. Incorporez le parmesan, le jaune d'œuf et suffisamment d'eau pour obtenir une pâte homogène. Posez-la sur une surface farinée et pétrissez-la, puis étalez-la et garnissez-en un moule à tarte de 24 cm de diamètre. Laissez au réfrigérateur 30 minutes.

Piquez le fond de tarte avec une fourchette, posez dessus du papier aluminium et des haricots, et faites cuire 10 minutes à 200°. Retirez le papier aluminiun et les haricots, et remettez 5 minutes au four. Retirez du four et laissez de côté. Réduisez la température du four à 180°.

Faites cuire les asperges 5 minutes à la vapeur, puis essuyez-les avec du papier absorbant. Répartissez le saumon sur le fond de tarte, puis les asperges disposées en rond pour former les rayons d'une roue.

Battez les œufs avec la crème, le jus de citron, les herbes, salez, poivrez et versez doucement dans le moule pour ne pas faire bouger les asperges. Laissez au four 20 à 25 minutes. Laissez refroidir. Servez chaud ou froid, décoré avec les rondelles de citron et le persil ou le cerfeuil.

Pour 6 personnes

Toasts au haddock

180 g de haddock cuit
zeste râpé et jus de 1 citron
1 cuillère à soupe de persil haché
poivre
2 tranches de pain de mie grillées
bouquet de persil pour décorer

Mettez le haddock dans une jatte et écrasez-le à la fourchette. Ajoutez le zeste et le jus de citron, le persil, poivrez selon votre goût. Mélangez bien et répartissez sur les tranches de pain.

Passez-les 4 à 5 minutes sous le gril, décorez avec du persil et servez aussitôt.

Quiche au saumon et aux asperges

Croque-monsieur aux crevettes

175 g de crevettes, décortiquées et hachées
2 œufs durs hachés
125 g de mimolette râpée
sel et poivre
8 tranches de pain de mie beurrées
1-2 cuillères à café de graines de sésame

Mélangez les crevettes, les œufs et le fromage, en salant et poivrant bien. Parsemez le pain, côté beurré, de graines de sésame, en les enfonçant bien ; secouez pour éliminer l'excédent.

Posez 4 tranches, côté beurré vers le bas, sur un gril à croque-monsieur préchauffé. Garnissez avec la préparation aux crevettes et couvrez avec le pain qui reste, côté beurré vers le haut. Refermez le gril. Laissez cuire 2 à 3 minutes.

Servez très chaud.

Pour 4 personnes

Oeufs brouillés au saumon

75 g d'épinards nettoyés
75 g de beurre
15 cl de crème fraîche
sel et poivre
6 œufs
2 cuillères à soupe de lait
4 grandes tranches de saumon fumé

Lavez les épinards, égouttez-les, mettez-les dans une casserole, couvrez et laissez-les cuire à feu doux.

Égouttez-les bien et passez-les au mixeur avec 50 g de beurre, la crème, salez, poivrez. Mettez-les sur un plat de service chaud et tenez-les au chaud.

Battez les œufs avec le lait, salez, poivrez. Faites fondre le reste de beurre dans une poêle, versez les œufs et tournez 8 à 10 minutes jusqu'à ce qu'ils commencent à prendre. Retirez du feu et continuez à tourner jusqu'à ce qu'ils soient crémeux.

Posez une cuillère d'œufs brouillés sur chaque tranche de saumon, roulez-la et disposez sur les épinards. Servez aussitôt.

Pour 4 personnes

Œufs brouillés au saumon

Macaroni du pêcheur

1 l d'eau
1 cuillère à soupe d'huile
sel et poivre
250 g de macaroni
1 cuillère à soupe d'huile
200 g de haddock
200 g de filets de cabillaud
1 oignon
3 cuillères à soupe de vin blanc sec
1 boîte (300 g) de velouté de champignons, non dilué
2 cuillères à soupe de persil haché
branches de persil pour décorer

Faites chauffer l'eau avec l'huile et une pincée de sel dans l'autocuiseur ; quand elle arrive à ébullition, jetez-y les macaroni, vissez le couvercle et comptez 5 minutes de cuisson à partir de la mise en rotation de la soupape. Égouttez les macaroni.

Huilez l'autocuiseur, ajoutez le poisson et l'oignon, salez et poivrez. Vissez le couvercle et comptez 5 minutes de cuisson. Réduisez la pression et dévissez le couvercle. Retirez le poisson.

Remettez les macaroni dans l'autocuiseur, ajoutez le vin et le velouté. Mélangez bien et portez à ébullition.

Émiettez le poisson et l'oignon, puis ajoutez-les dans l'autocuiseur avec le persil haché ; mélangez bien. Rectifiez l'assaisonnement, puis disposez le tout sur un plat de service chaud et décorez avec le persil.

Pour 4 personnes

Soufflés aux crevettes

2 gros œufs
15 cl de crème fraîche
1 cuillère à café de moutarde
1 pincée de cayenne
sel et poivre
75 g de crevettes décortiquées
150 g de gruyère râpé
PÂTE D'ANCHOIS :
100 g de filets d'anchois à l'huile
4 cuillères à soupe de lait
1 cuillère à soupe d'huile
2 gousses d'ail écrasées
1 cuillère à soupe de persil haché
POUR SERVIR :
pain

Pour la pâte d'anchois, égouttez les filets et faites-les tremper 30 minutes dans le lait. Rincez-les sous l'eau froide et égouttez-les.

Écrasez-les avec l'huile, l'ail et le persil, pour obtenir une pâte. Mettez-la de côté.

Battez ensemble les œufs, la crème, la moutarde, le cayenne, salez et poivrez. Incorporez les crevettes et le fromage.

Beurrez quatre moules à soufflé individuels et versez-y le mélange précédent. Faites cuire 20 à 25 minutes au four (200°), jusqu'à ce que les soufflés soient bien levés et dorés.

Pendant ce temps, faites griller le pain des deux côtés. Étalez dessus la pâte d'anchois et passez le tout sous le gril quelques instants. Servez les soufflés dès qu'ils sont cuits, accompagnés des tartines de pâte d'anchois.

Pour 4 personnes

Laitances de harengs

500 g de laitances de harengs
2 cuillères à soupe de farine
sel et poivre
50 g de beurre
1 cuillère à soupe de jus de citron
2 gouttes de tabasco
1/2 cuillère à café de paprika
2 tranches de pain de campagne grillées beurrées pour servir

Arrosez les laitances d'eau bouillante et séchez-les avec du papier absorbant. Salez, poivrez la farine et passez-y les laitances.

Faites fondre le beurre dans une poêle, ajoutez les laitances, le reste des ingrédients, et laissez-les dorer 5 minutes.

Coupez le pain en triangles. Disposez les laitances sur un plat de service chaud, entourées des triangles de pain. Servez aussitôt.

Pour 2 à 4 personnes

Soufflé aux crevettes

Oeufs bénédicte au pâté de maquereau

250 g de maquereaux fumés
zeste râpé de 1 citron
jus de 2 citrons
2 cuillères à soupe d'huile d'olive
1 gousse d'ail écrasée
poivre
4 œufs
1 cuillère à café de vinaigre
4 tranches de pain complet grillées
15 cl de sauce hollandaise (voir page 148)

Retirez la peau et les arêtes des maquereaux, effeuillez-les et passez-les au mixeur avec le zeste et le jus de citron, l'huile, l'ail et du poivre.

Faites pocher les œufs 2 à 3 minutes dans de l'eau bouillante additionnée de vinaigre.

Garnissez le pain avec du pâté de poisson, puis posez dessus les œufs pochés et nappez de sauce hollandaise. Servez aussitôt.

Pour 4 personnes

Vol-au-vent aux crevettes

1 oignon haché fin
40 g de beurre
40 g de farine
15 cl de lait
15 cl de vin blanc
125 g de petits pois congelés
1 boîte (400 g) de cœurs d'artichauts, égouttés et coupés en quatre
350 g de crevettes congelées décortiquées
2 cuillères à soupe de crème fraîche
sel de céleri
poivre blanc
8 fonds de vol-au-vent
persil pour décorer

Faites fondre l'oignon avec le beurre dans une poêle. Ajoutez la farine et, sans cesser de tourner, incorporez petit à petit le lait, puis le vin blanc. Laissez cuire 5 minutes, en continuant de tourner. Ajoutez les petits pois, les cœurs d'artichauts et les crevettes. Laissez mijoter doucement 4 minutes.

Ajoutez la crème, le sel de céleri et le poivre.

Faites chauffer 5 minutes à four moyen (160°) les fonds de vol-au-vent, puis garnissez-les avec le mélange. Décorez avec le persil et servez aussitôt.

Omelette au haddock ; laitances de harengs

Omelette au haddock

25 g de beurre
125 g de champignons de Paris émincés
4 œufs battus
250 g de haddock cuit effeuillé
cerfeuil pour décorer

Faites fondre le beurre dans une poêle, ajoutez les champignons et laissez revenir 3 minutes.

Ajoutez les œufs et laissez cuire 4 minutes à feu doux. Quand ils commencent à prendre, ajoutez le haddock et laissez cuire 1 minute. Pliez l'omelette en deux et servez-la aussitôt, décorée de cerfeuil.

Pour 2 personnes

Soufflé de maquereau

40 g de beurre
40 g de farine
30 cl de lait
3 gros œufs, blancs et jaunes séparés
15 cl de crème fraîche
300-350 g de maquereaux fumés, émiettés
1 cuillère à soupe de jus de citron
1 cuillère à soupe de persil haché

Faites fondre le beurre dans une casserole, ajoutez la farine et tournez 1 minute. Hors du feu incorporez le lait, puis portez à ébullition et tournez jusqu'à ce que cela épaississe.

Hors du feu incorporez les jaunes d'œufs un à un, puis la crème. Ajoutez les maquereaux, le jus de citron, le persil, et laissez refroidir.

Battez les blancs d'œufs en neige très ferme et incorporez-les peu à peu au mélange.

Versez dans un moule à soufflé de 1 l beurré et faites cuire 45 à 50 minutes à 190°. Servez aussitôt.

Pour 4 personnes

Omelette soufflée au haddock

50 g de beurre
2 filets de haddock cuits et effeuillés
5 cuillères à soupe de crème fraîche
4 cuillères à soupe de gruyère râpé
sel et poivre
6 œufs, blancs et jaunes séparés
persil pour décorer

Faites fondre la moitié du beurre dans une casserole, faites-y revenir le haddock, ajoutez la crème, puis la moitié du fromage.

Retirez du feu, salez et poivrez, puis incorporez les jaunes d'œufs. Battez les blancs en neige très ferme et incorporez-les délicatement au mélange.

Faites fondre le reste du beurre dans une poêle ; quand il grésille, versez-y le mélange et laissez cuire doucement 2 à 3 minutes, en ramenant les bords vers le centre.

Disposez l'omelette sur un plat de service chaud, saupoudrez-la avec le reste de fromage et décorez avec du persil ; servez aussitôt.

Pour 4 personnes

Soufflé aux œufs de hareng

25 g de beurre
250 g d'œufs de hareng
lait chaud pour couvrir
2 œufs, blancs et jaunes séparés
15 cl de sauce béchamel (voir page 150)
25 g de gruyère râpé
sel et poivre

Beurrez un plat à four et mettez-y les œufs de hareng. Versez du lait chaud pour qu'ils soient juste couverts et laissez 5 minutes à 200°. Égouttez-les et répartissez-les dans 4 moules à soufflé individuels.

Ajoutez les jaunes d'œufs un à un à la sauce béchamel ainsi que la moitié du fromage, salez et poivrez. Battez les blancs d'œufs en neige très ferme et incorporez-les à la sauce.

Répartissez dans les ramequins, saupoudrez du reste de fromage et laissez cuire au four 7 à 10 minutes. Servez aussitôt.

Pour 4 personnes

A GAUCHE : *soufflé de maquereau*
A DROITE : *omelette au thon*

Gougère au poisson

25 g de beurre
1 oignon haché
25 g de farine
15 cl de lait
3 cuillères à soupe de cidre brut
2 cuillères à soupe de yaourt nature
350 g de maquereaux fumés effeuillés
3 cuillères à soupe de cresson haché
sel et poivre
PÂTE A CHOUX :
30 cl d'eau
50 g de beurre
175 g de farine
4 œufs battus
75 g de gruyère râpé
POUR TERMINER :
1 cuillère à soupe de chapelure
25 g d'amandes effilées hachées

Faites fondre le beurre dans une casserole, ajoutez et faites revenir l'oignon. Incorporez la farine, puis le lait portez à ébullition et tournez 3 minutes.

Retirez du feu et ajoutez le reste des ingrédients, salez, poivrez et laissez refroidir.

Pour la pâte à choux, faites fondre le beurre avec l'eau dans une casserole, portez à ébullition. Retirez du feu et ajoutez la farine en une seule fois. Reportez sur le feu et tournez pour que la pâte se détache bien des bords. Hors du feu, ajoutez peu à peu et rapidement les œufs, le fromage, salez, poivrez.

Étalez la pâte à choux sur les bords d'un plat creux, disposez la garniture au centre, saupoudrez de chapelure et d'amandes. Faites cuire 40 à 45 minutes au four (200°) et servez aussitôt.

Pour 4 à 6 personnes

Soufflés

Un soufflé doit être léger. Sa légèreté provient de ce qu'on le fait cuire après avoir incorporé les blancs battus en neige. En général on le sert dans un moule à soufflé en porcelaine ou dans un plat à four profond qui puisse aller sur la table. Un soufflé retombant très vite, il faut le servir dès qu'il sort du four et ne jamais le démouler.

Omelette au thon

6 œufs, blancs et jaunes séparés
sel et poivre
1 cuillère à soupe d'eau
25 g de beurre
175 g de germes de soja
1 boîte (100 g) de thon égoutté et émietté
1 boîte (100 g) de foie de morue égoutté et coupé en morceaux
2 cuillères à soupe de persil haché
SAUCE :
150 g de yaourt nature
1 cuillère à café de moutarde
1 cuillère à soupe de jus de citron

Battez les blancs d'œufs en neige très ferme avec une pincée de sel. Battez les jaunes d'œufs avec l'eau et le poivre, et incorporez-les aux blancs d'œufs.

Faites fondre le beurre dans une poêle de 28 cm de diamètre, ajoutez la moitié des germes de soja et la moitié des œufs et lissez la surface. Ajoutez le reste de germe de soja, puis le reste d'œufs et laissez cuire 5 minutes, en soulevant les bords de temps en temps jusqu'à ce que cela soit ferme.

Disposez le thon sur le pourtour de l'omelette et le foie de morue en cercle à l'intérieur du thon, et faites dorer 2-3 minutes sous le gril.

Pendant ce temps, mélangez tous les ingrédients de la sauce dans une petite jatte. Décorez de persil haché.

Pour 4 personnes

Colin sauce rose

750 g de filets de colin
25 g de beurre
sel et poivre
jus de 1 citron
1 feuille de laurier
lait et eau mélangés pour couvrir
SAUCE :
30 cl de béchamel épaisse (voir page 150)
1 jaune d'œuf
1 betterave rouge cuite moyenne, hachée
persil pour décorer

Disposez le poisson dans un plat à four beurré, salez, poivrez et versez dessus le jus de citron. Ajoutez le laurier et couvrez avec le mélange lait-eau, puis faites cuire 20 à 30 minutes à 180°. Égouttez le poisson, tenez-le au chaud et mettez de côté le liquide de cuisson.

Délayez un peu du liquide de cuisson dans la béchamel. Incorporez le jaune d'œuf et la betterave.

Versez cette sauce sur le poisson, décorez avec le persil et servez aussitôt.

Pour 4 personnes

Coquilles Saint-Jacques aux herbes

10 belles coquilles Saint-Jacques
4 coquilles Saint-Jacques, bien nettoyées
15 cl de jus de citron
4 cuillères à café d'échalote hachée
2 cuillères à café d'estragon haché
2 cuillères à café d'aneth haché
2 cuillères à café de ciboulette hachée
2 cuillères à café de persil haché
4 cuillères à café d'huile de tournesol
persil pour décorer

Détachez les Saint-Jacques de leur coquille et nettoyez-les. Séparez blancs et coraux, lavez-les, essuyez-les et coupez-les en tranches de 5 mm d'épaisseur.

Mettez-les dans une jatte, arrosez-les de jus de citron (elles doivent en être recouvertes). Couvrez de film transparent et laissez 24 heures au réfrigérateur, en les tournant occasionnellement.

Juste avant de servir, sortez-les du jus de citron et passez-les dans l'huile, ajoutez l'échalote, les herbes et mélangez bien. Répartissez dans les coquilles, décorez avec le persil et servez aussitôt.

Pour 4 personnes

Roussette à la sauce tomate

La roussette ayant une chair ferme, c'est le poisson idéal pour cette recette.

750 g de roussette coupée en morceaux pas trop gros
50 g de farine
sel et poivre
4 cuillères à soupe d'huile d'olive
500 g de tomates mûres, pelées, épépinées et coupées en dés
3 gousses d'ail écrasées
1 cuillère à soupe de basilic haché ou de marjolaine
1 cuillère à soupe de persil haché
POUR DÉCORER :
12 olives noires dénoyautées
croûtons

Salez et poivrez la farine, puis passez dedans les morceaux de poisson. Faites chauffer la moitié de l'huile dans une poêle et faites dorer doucement le poisson, en le retournant une fois.

Dans une autre poêle, faites chauffer le reste d'huile et faites cuire doucement les tomates avec l'ail, les herbes, salez et poivrez.

Disposez le poisson sur un plat de service chaud. Nappez de sauce et décorez avec les olives et les croûtons.

Pour 4 personnes

Crevettes aux germes de soja

500 g de crevettes décortiquées
6 cuillères à soupe de cognac
4-5 cuillères à soupe d'huile de sésame
sel et poivre
350 g de germes de soja
3 cuillères à soupe de sauce soja

Faites mariner les crevettes dans le cognac 1 1/2-2 heures. Faites chauffer l'huile dans un wok ou dans une poêle profonde, ajoutez les crevettes, salez, poivrez et laissez revenir 5 minutes.

Ajoutez les germes de soja et laissez encore revenir 2 minutes avant d'incorporer la sauce soja.

Servez avec du riz nature.

Pour 4 personnes

Colin sauce rose ; crevettes aux germes de soja

Haddock au jambon

350 g de haddock
40 g de beurre
4 tranches fines de jambon de Paris
persil pour décorer

Coupez le haddock en 4 parts que vous pocherez 5 minutes à l'eau bouillante. Égouttez-les.

Faites fondre le beurre dans une poêle et faites revenir doucement le jambon. Posez sur chaque tranche de jambon un morceau de haddock, couvrez et laissez cuire 5 minutes.

Disposez sur un plat de service chaud et décorez avec le persil.

Pour 4 personnes :

Variante : répartissez sur le poisson 3 cuillères à soupe de crème fraîche et passez 2 minutes sous le gril avant de servir.

Brioches à la mousse de truite

7 g de levure de boulanger
1 cuillère à soupe d'eau chaude
125 g de farine
1 pincée de sel
1 pincée de sucre en poudre
1 œuf légèrement battu
50 g de beurre
GARNITURE :
625 g de truite fumée
le jus de 1/2 citron
1 pincée de cayenne
1 pointe de moutarde
poivre noir
20 g de beurre fondu
15 cl de crème fraîche
POUR DÉCORER :
persil
quartiers de citron

Délayez la levure dans l'eau. Dans une jatte tamisez la farine, le sel et le sucre, incorporez la levure, l'œuf, le beurre. Quand la pâte est homogène, pétrissez-la 5 minutes sur un plan de travail fariné. Laissez-la lever à température ambiante 1-1 1/2 heure ; elle doit doubler de volume.

Pétrissez-la bien sur une surface farinée et répartissez-la entre 6 petits moules à brioche, en les remplissant à moitié. Laissez à température ambiante 1 heure ; elle doit presque arriver en haut des moules. Faites cuire 10 minutes dans un four à 180°. Cela doit être bien levé et bien doré.

Préparez la garniture : retirez la peau et les arêtes de la truite et émiettez-la dans une jatte. Incorporez le jus de citron, le piment, la moutarde, le poivre, le beurre et la crème.

Quand les brioches sont cuites, coupez le sommet et remplissez-les de mousse. Posez les sommets en angle et décorez avec le persil et les quartiers de citron.

Pour 6 personnes

A GAUCHE : *haddock au jambon*
A DROITE : *plies gratinées ; colin stroganoff*

Plies gratinées

2 cuillères à soupe d'huile de tournesol
125 g de champignons de Paris émincés
2 petites plies séparées en filets et la peau retirée
sel et poivre
le jus de 1 citron
25 g de chapelure
50 g de gruyère râpé
POUR DÉCORER :
quartiers de citron
olives farcies

Huilez un plat à four et répartissez la moitié des champignons. Posez dessus les filets de poisson pliés en deux. Salez, poivrez, arrosez de jus de citron, répartissez le reste de champignons, la chapelure, le fromage râpé et un peu d'huile.

Couvrez de papier aluminium et faites cuire 30 minutes à 180°.

Décorez avec les citrons et les olives et servez aussitôt.

Pour 4 personnes

Colin stroganoff

750 g de colin séparé en filets et la peau retirée
sel et poivre
1 citron coupé en rondelles
20 cl de crème fraîche
paprika
cresson pour décorer

Disposez le poisson dans un plat à four, salez et poivrez. Couvrez de rondelles de citron et faites cuire 20 à 30 minutes à 200°.

Nappez de crème, saupoudrez généreusement de paprika et passez sous le gril pour que cela soit doré. Décorez avec du cresson avant de servir accompagné de riz ou de pâtes.

Pour 4 personnes

Oeufs de harengs à la provençale

40 g de beurre
250 g d'œufs de hareng
25 g de farine
1 gousse d'ail écrasée
poivre noir

Faites fondre le beurre dans une petite poêle et faites revenir 2-3 minutes les œufs de poisson que vous aurez passés dans la farine. Ajoutez l'ail, retournez les œufs de poisson et laissez encore revenir 2-3 minutes. Salez et poivrez.

Pour 4 personnes

Lotte froide sauce roquefort

jus de 1 citron
750 g de lotte séparée en filets et la peau retirée
2 cuillères à soupe de coriandre hachée pour décorer
SAUCE :
50 g de roquefort
250 g de yaourt nature
COURT-BOUILLON :
1 carotte émincée
1 oignon émincé
2 branches de céleri émincées
2 feuilles de laurier
2 branches de persil
8 grains de poivre
1 cuillère à café de grains de coriandre
le jus de 1 citron
1,5 l d'eau

Préparez la sauce un jour avant : émiettez le roquefort dans le yaourt, mélangez bien, couvrez et laissez au réfrigérateur.

Pour le court-bouillon, mettez les légumes, les herbes, le poivre, la coriandre, le jus de citron et l'eau dans une grande casserole et portez à ébullition.

Baissez le feu, couvrez et laissez frémir 30 minutes. Filtrez et versez dans un plat à four creux.

Ajoutez le jus de citron et mettez quelques minutes à 180° pour que cela soit bien chaud. Ajoutez le poisson et laissez-le pocher 5 minutes.

Transférez le poisson sur un plat de service chaud, saupoudrez de coriandre et laissez refroidir. Servez avec la sauce au roquefort glacée.

Pour 4 personnes

Saumon mayonnaise

500 g de saumon cuit
feuilles de laitue
15 cl de mayonnaise (voir page 152)
SAUCE :
2 cuillères à soupe d'huile d'olive
1 cuillère à soupe de jus de citron
sel et poivre
1 cuillère à soupe de ciboulette coupée fin

Préparez d'abord la sauce en mélangeant tous les ingrédients.

Émiettez le poisson et tournez-le dans la sauce. Placez-le sur un lit de feuilles de laitue disposé sur un plat de service. Nappez le poisson de mayonnaise.

Pour 4 personnes

Lotte froide sauce roquefort ; vol-au-vent de poisson

Vol-au-vent au poisson

200 g de pâte feuilletée
80 g de filets de poisson blanc
15 g de beurre
2 cuillères à soupe de farine
15 cl de lait
40 g de gruyère râpé
2 cuillères à café de persil haché
sel et poivre

Abaissez la pâte en un cercle de 15 cm de diamètre. Marquez au centre un cercle de 8 cm de diamètre, en en coupant que la moitié de l'épaisseur de la pâte.

Faites cuire 20 minutes dans un four préchauffé à 220°.

Passez les filets de poissons sous le gril 2 à 3 minutes de chaque côté, puis émiettez-les.

Faites fondre le beurre dans une casserole et ajoutez la farine. laissez cuire 1 minute, puis incorporez peu à peu le lait. Continuez à tourner sur le feu, jusqu'à épaisissement, ajoutez poisson, gruyère, persil, salez et poivrez.

Quand la pâte est cuite, détachez le couvercle du vol-au-vent et remplissez avec le mélange de poisson. Reposez le couvercle et servez chaud.

Truites à la crème et au pastis

3 cuillères à soupe de farine
sel et poivre
4 truites de 300 -350 g chacune nettoyées
75 g de beurre
1 cuillère à soupe d'huile
250 g de champignons émincés
2 gousses d'ail pelées et écrasées
3 cuillères à soupe de pastis
8 cuillères à soupe de crème fraîche
cresson pour décorer

Salez et poivrez la farine, puis passez-y les truites.

Faites chauffer le beurre et l'huile dans une grande poêle et faites dorer à feu doux 5 minutes les truites des deux côtés. Posez-les sur un plat de service chaud et tenez-les au chaud.

Mettez les champignons et l'ail dans la poêle et faites-les revenir 5 minutes en tournant. Ajoutez le pastis, la crème et tournez 1-2 minutes. Rectifiez l'assaisonnement.

Versez sur les truites et décorez de cresson avant de servir.

Pour 4 personnes

Truite à la crème et au pastis

SALADES

Si le seul mot de salade vous fait penser à l'herbe pour les lapins, vous allez pouvoir changer d'avis ! Aujourd'hui, la salade est autre chose que des feuilles de laitue mélangées à des tranches de tomate. On a appris à marier les saveurs, les couleurs et les textures les plus variées. Essayez la feuille de chêne, la romaine, la trévise et les tomates cerises, entre autres. Les salades sont nutritives, rafraîchissantes, de préparation facile et rapide. Elles constituent un apport appréciable en sels minéraux, en vitamines, en fibres, et sont généralement pauvres en calories.

Les salades de poisson peuvent se servir en plat principal ou en hors-d'œuvre. Ne les réservez pas aux seuls repas d'été ; en fait, c'est en hiver que leurs propriétés sont les plus précieuses pour la santé. Avec l'adjonction de légumes verts, de pâtes, de fruits et de légumes secs, on peut consommer ces salades tout au long de l'année.

Une sélection minutieuse des produits est essentielle pour rendre la présentation appétissante. Mieux vaut ne pas combiner trop d'ingrédients différents et ne pas les couper trop fin. Dans les deux cas, le résultat serait inesthétique et peu appétissant.

Les herbes fraîches améliorent beaucoup la saveur de la plupart des salades ; on peut donc les utiliser largement. Le persil, la ciboulette, la menthe, l'estragon et la coriandre conviennent à presque toutes ; le fenouil et l'aneth sont les accompagnements classiques du poisson. Dans les assaisonnements, les herbes peuvent transformer une simple salade en plat recherché.

Salade beau rivage

Tomates beau rivage

1 laitue
500 g de tomates, en rondelles
1/2 oignon d'Espagne, en anneaux
2 boîtes de sardines à l'huile égouttées (2 × 120 g)
4 cuillères à soupe de vinaigrette (page 154)
1 cuillère à soupe de persil haché

Disposez la laitue sur un plat et recouvrez-la de tomates et d'oignon. Placez les sardines en rosace, queue vers le centre, sur les légumes. Arrosez uniformément de vinaigrette et parsemez de persil.

Pour 4 personnes

Variante : Ajoutez à la vinaigrette 2 cuillères à soupe de ketchup et 1 cuillère à soupe de câpres bien égouttées.

Salade de thon aux haricots blancs

175 g de haricots blancs secs ayant trempé dans de l'eau toute une nuit et égouttés
sel
1 petit oignon pelé et coupé fin
1 boîte (200 g) de thon égouté et émietté
SAUCE :
30 cl d'huile d'olive
15 cl de jus de citron
4 cuillères à soupe de persil haché
poivre

Faites cuire les haricots à l'eau bouillante salée 40 minutes. Égouttez-les et passez-les sous l'eau froide. Mettez-les dans un saladier avec l'oignon, le thon et mélangez.

Mélangez tous les ingrédients de la sauce.

Versez-la dans le saladier, assaisonnez et mettez à glacer au réfrigérateur plusieurs heures. Tournez avant de servir.

Pour 4 personnes

Salade méditerranéenne

250 g de filet de morue fraîche
15 cl d'eau
2 cuillères à soupe de mayonnaise (page 152)
1 cuillère à café de jus de citron
1 boîte de thon (environ 200 g) égoutté et émietté
2 œufs durs coupés en quatre
poivre
1 laitue
4 tomates coupées en tranches
POUR DÉCORER :
1 poivron vert en rondelles
olives noires

Faites pocher la morue environ 8 minutes dans l'eau salée ; elle doit être tendre. Égouttez-la, ôtez la peau et émiettez-la.

Mettez dans une jatte la vinaigrette, le citron et mélangez délicatement la morue, le thon et les œufs. Salez et poivrez.

Disposez les feuilles de laitue sur un plat de service. Hachez-en quelques-unes, que vous mettrez au centre du plat. Disposez le mélange de poisson dessus et mettez les rondelles de tomates tout autour. Posez les rondelles de poivron et les olives sur le poisson.

Pour 4 personnes

Salade danoise

4 œufs durs
1 pomme verte
1 pomme rouge
4 filets de harengs danois aigre-doux
2 petits cornichons aigre-doux
4 petites betteraves rouges coupées en dés
4 petites pommes de terre cuites à l'eau et coupées en dés
15 cl de crème fraîche ou de yaourt
sel et poivre
rondelles de pommes pour décorer

Coupez les œufs en rondelles, coupez les pommes en dés et les harengs en petits morceaux.

Disposez les rondelles d'œufs et de cornichons tout au bord du plat, puis les betteraves. Mélangez le reste des ingrédients, salez, poivrez et disposez-les près des betteraves.

Décorez avec les tranches de pomme.

Pour 4 à 6 personnes

Salade niçoise

8 filets d'anchois
3-4 cuillères à soupe de lait
125 g de haricots verts extra fins
sel
1 pincée de noix de muscade
1/2 petit concombre
250 g de tomates
4 œufs durs
1 boîte (200 g) de thon à l'huile, égoutté
3-4 cuillères à soupe de sauce vinaigrette à la moutarde (page 154)
8-12 olives noires dénoyautées pour décorer

Faites tremper les filets d'anchois dans le lait 15-20 minutes. Égouttez-les et jetez le lait.

Faites cuire les haricots verts à l'eau bouillante salée additionnée de muscade jusqu'à ce qu'ils soient tendres et encore fermes. Égouttez-les, passez-les sous l'eau froide et égouttez-les à nouveau.

Coupez le concombre en bâtonnets de la moitié de la longueur des haricots verts, salez-les légèrement.

Coupez les tomates et les œufs en quartiers et émiettez le thon.

Répartissez tous les ingrédients sur 4 assiettes. Nappez de sauce et décorez avec les olives.

Pour 4 personnes

Salade danoise ; salade niçoise

Salade de kipper aux champignons

3 gros kippers
250 g de petits champignons de Paris essuyés et émincés
5-7 cuillères à soupe d'huile d'olive
3-4 cuillères à soupe de yaourt nature
2-3 cuillères à soupe de jus de citron
1 pincée de quatre-épices
poivre noir
3 cuillères à soupe de persil haché
6 grandes feuilles de laitue lavées et égouttées
3 cives, le vert uniquement coupé en lanières en diagonale pour décorer

Mettez les kippers, la tête en bas dans une grande jatte, couvrez-les d'eau bouillante, appuyez sur les queues pour qu'ils soient bien recouverts. Couvrez et laissez 10 minutes.

Faites chauffer 5 cuillères à soupe d'huile dans une grande poêle et faites revenir les champignons 1 minute puis mettez-les dans un saladier.

Mettez le saladier au-dessus d'une casserole contenant de l'eau bouillante, et maintenez l'eau frémissante.

Égouttez les poissons, coupez les têtes et les queues, retirez l'arête dorsale et au maximum les petites arêtes. Émiettez les poissons et ajoutez aux champignons.

Mélangez bien, puis ajoutez le yaourt, un peu de jus de citron, le quatre-épices, du poivre, et le persil. Goûtez et rajoutez du yaourt ou du citron selon votre goût.

Disposez les feuilles de laitue sur un plat de service. Mettez le mélange de poisson au centre et décorez avec les cives.

Pour 6 personnes

Pain à l'ail

Il accompagne délicieusement la plupart des salades. Écrasez en pommade 150 g de beurre, 1 cuillère à café de sel et 3 gousses d'ail. Coupez deux baguettes de pain en tranches de 5 cm et étalez le beurre à l'ail des deux côtés des tranches. Reformez les baguettes et enveloppez-les dans du papier aluminium. Vous pourrez les conserver deux mois au congélateur. Faites-les chauffer dans le papier 30 minutes à 200°.

Salade de poireaux aux crevettes

8 petits poireaux
30 cl de mayonnaise (voir page 152)
2 cuillères à soupe de yaourt nature
500 g de crevettes décortiquées
2 œufs durs écalés et coupés en deux
sel et poivre
jus de 1/2 citron
paprika

Faites cuire les poireaux à l'eau bouillante 10 minutes. Égouttez-les et laissez-les refroidir.

Mélangez la mayonnaise et le yaourt, ajoutez les crevettes. Séparez délicatement les jaunes et les blancs d'œufs, coupez les blancs en lanières et passez les jaunes au tamis.

Disposez les poireaux sur un plat de service, salez, poivrez, arrosez de jus de citron et couvrez avec la sauce.

Répartissez dessus les jaunes et les blancs d'œufs, ainsi que le paprika.

Pour 4 personnes

Salade de cabillaud

750 g de cabillaud séparé en filets et la peau retirée
jus de 1/2 citron
sel
1/2 gros concombre coupé en dés
2 cuillères à soupe de menthe hachée
2 cuillères à soupe d'aneth haché
SAUCE :
6 cuillères à soupe d'huile d'olive
1,5 cuillère à soupe de vinaigre
sel et poivre
1 cuillère à café de moutarde
POUR DÉCORER :
125 g de crevettes décortiquées
feuilles de menthe

Coupez les filets de cabillaud en 3 ou 4 morceaux, arrosez-les de jus de citron, salez et faites cuire 10 minutes à la vapeur, puis laissez refroidir couvert.

Émiettez grossièrement le poisson, en retirant les arêtes et la peau, ajoutez le concombre et les herbes.

Mélangez tous les ingrédients de la sauce et versez sur le poisson, puis tournez délicatement.

Répartissez dans des assiettes et décorez avec les crevettes et la menthe.

Pour 4 personnes

Salade de poireaux aux crevettes ; salade de cabillaud

Salade de brocolis aux crevettes

500-700 g de brocolis frais ou 500 g de brocolis congelés, décongelés
sel de mer
1 gros avocat
18 grosses crevettes roses
SAUCE :
1 petite gousse d'ail émincée
poivre noir
1/2 cuillère à café de gingembre râpé
6 cuillères à soupe d'huile d'olive
2-3 cuillères à soupe de jus de citron
POUR DÉCORER :
3 cives émincées
2 cuillères à soupe de persil haché

Séparez les brocolis en bouquets avec une tige de 5 cm. Rincez-les sous l'eau froide.

Portez une grande casserole d'eau légèrement salée à ébullition, plongez-y les brocolis et laissez-les cuire 3-5 minutes. Égouttez-les dans une passoire, passez-les sous l'eau froide et laissez-les refroidir pendant que vous préparez la sauce.

Dans une petite jatte mélangez l'ail, le sel, le poivre et le gingembre. Incorporez rapidement l'huile et le jus de citron. Goûtez et ajoutez du citron si nécessaire car la sauce doit être très citronnée.

Versez 3 cuillères à soupe de la sauce dans une jatte, ajoutez les brocolis encore tièdes et tournez jusqu'à ce qu'ils aient complètement absorbé la sauce.

Juste au moment de servir, coupez l'avocat en deux, retirez le noyau, pelez les deux moitiés et découpez-les en 18 tranches. Répartissez 3 tranches sur chaque assiette, puis posez dessus 3 crevettes et disposez les brocolis tout autour.

Saupoudrez de cive et de persil. Nappez d'un peu de sauce et servez aussitôt.

Pour 6 personnes

Note : vous pouvez préparer les crevettes à l'avance et les envelopper dans du film transparent et les garder au frais. Vous pouvez aussi préparer les brocolis 3 heures à l'avance et les garder, couverts, dans une jatte. Ne les mettez pas au réfrigérateur.

Salade de harengs

4 harengs de 175 g chacun
1 oignon moyen émincé
2 feuilles de laurier
1 cuillère à café de pickles
sel et poivre
10 cl de vin blanc sec
10 cl de vinaigre de vin blanc
4 cives hachées
15 cl de crème fraîche additionnée d'un peu de jus de citron
POUR DÉCORER :
1 pomme rouge
jus de citron

Coupez la tête et la queue des harengs, séparez-les en filets et mettez de côté les œufs. Rincez le poisson et les œufs, puis mettez-les dans un plat à four creux. Répartissez dessus les rondelles d'oignon, le laurier et les pickles, salez et poivrez. Versez le vin et le vinaigre, et laissez pocher 30 minutes à 160°. Retirez du four et laissez refroidir.

Mélangez les cives avec la crème, salez et poivrez. Disposez le poisson et les œufs sur un plat de service, passez le jus de cuisson et incorporez-en un peu dans la crème et nappez-en le plat.

Évidez et coupez la pomme en rondelles, passez-les dans le jus de citron et décorez-en le plat.

Pour 4 personnes

A GAUCHE : *salade de brocoli aux crevettes*
A DROITE : *salade de homard au poulet*

Salade de fruits de mer au fenouil

125 g de riz long
sel et poivre
2 tranches de cabillaud de 175-250 g chaque
1 cuillère à soupe de jus de citron
350 g de crevettes
1 boîte (150 g) de moules, égouttées
4 cives émincées
1 bulbe de fenouil
4 cuillères à soupe de vinaigrette (page 154)
2 cuillères à soupe de crème fraîche

Faites cuire le riz à l'eau bouillante salée 13-14 minutes. Égouttez-le, rincez-le, égouttez-le bien et mettez-le dans une jatte.

Faites pocher le poisson dans un peu d'eau assaisonnée avec le jus de citron, le sel et le poivre 7-8 minutes. Laissez refroidir dans l'eau, puis émiettez-le et ajoutez-le au riz.

Ajoutez les crevettes, les moules et les cives.

Retirez les feuilles du fenouil et mettez-les de côté pour la décoration. Coupez fin de fenouil, ajoutez-le dans la jatte et mélangez bien.

Mélangez la vinaigrette avec la crème, salez, poivrez, versez dans la jatte et tournez bien. Décorez avec les feuilles de fenouil et laissez glacer au réfrigérateur jusqu'au moment de servir.

Pour 8 personnes

Salade de homard au poulet

2 homards cuits de 350 g chacun
250 g de blancs de poulet cuit
15 cl de yaourt nature
15 cl de mayonnaise (page 152)
sel et poivre
2 cuillères à soupe d'estragon haché

Retirez la chair des homards et coupez-la en morceaux réguliers. Cassez les pinces et retirez-en la chair.

Coupez le poulet en morceaux de la même taille que ceux du homard. Mélangez le homard, le poulet, le yaourt et la mayonnaise. Salez, poivrez et répartissez dans les assiettes ou dans les carapaces des homards. Décorez avec l'estragon.

Pour 4 personnes

Salade de pamplemousse aux crevettes

1 cuillère à soupe d'huile
1 oignon haché
250 g de crevettes décortiquées
2 cuillères à soupe de jus de citron
4 cuillères à soupe de vin blanc sec
sel et poivre
4 cuillères à soupe de mayonnaise
1 cuillère à café de sauce tabasco
1/2 cuillère à café de cayenne
2 pamplemousses roses en quartiers
1 poivron rouge en dés
1 laitue

Faites chauffer l'huile dans une poêle, ajoutez et faites revenir l'oignon.
Ajoutez les crevettes, le jus de citron, le vin, salez, poivrez et laissez frémir 5 minutes.

Laissez refroidir légèrement, retirez les crevettes et l'oignon avec une écumoire, et mettez-les dans une jatte. Incorporez la mayonnaise, le tabasco et le cayenne.

Coupez les quartiers de fruits en deux et ajoutez-les, ainsi que le poivron.

Répartissez sur 4 assiettes garnies de feuilles de laitue. Décorez avec 4 quartiers de fruit et 4 crevettes non décortiquées (facultatif).
Pour 4 personnes

Salade de harengs aux pommes de terre

1 cuillère à soupe de sel
2 cuillères à soupe d'huile d'olive
1 cuillère à soupe de sucre en poudre
1 cuillère à café de grains de poivre blanc écrasés
1 cuillère à soupe d'estragon coupé fin
1/2 cuillère à café de graines d'aneth légèrement écrasées
2 gros harengs, nettoyés, la tête et les arêtes retirées
500 g de petites pommes de terre nouvelles, grattées
20 cl de mayonnaise (page 152)
1-2 cuillères à café de moutarde
POUR DÉCORER :
feuilles d'estragon
1 cuillère à soupe de graines d'aneth

Mélangez le sel, l'huile, le sucre, le poivre, l'estragon, l'aneth, puis répartissez-en une couche au fond d'un plat pouvant contenir juste les poissons.

Posez dessus un poisson le côté peau sur le fond, couvrez-le du mélange, posez dessus le deuxième poisson, la peau apparente cette fois et étalez dessus le reste du mélange. Couvrez de papier aluminium, posez dessus une assiette contenant un poids et laissez au réfrigérateur un minimum de 12 heures (4 jours serait mieux).

Environ 30 minutes avant de servir faites cuire les pommes de terre à l'eau bouillante salée 8-10 minutes. Égouttez-les et laissez-les refroidir.

Coupez le poisson en diagonale en tranches fines, puis mélangez-les aux pommes de terre.

Mélangez la mayonnaise avec la moutarde, versez sur le mélange précédent et tournez.

Répartissez l'estragon et les graines d'aneth et servez aussitôt.
Pour 6 personnes

Salades

Les salades de poisson constituent des plats légers, surtout l'été. Vous pouvez les emporter en pique-nique. Vous pouvez en servir la plupart en entrée, en réduisant les quantités. Vous pouvez aussi les préparer à l'avance et les laisser au réfrigérateur, sans les assaisonner, jusqu'au moment de les servir.

Salade de pamplemousse aux crevettes

Salade de thon aux dattes

2 boîtes (200 g chacune) de thon émietté
50 g de dattes sèches hachées
40 g de graines de sésame
50 g de champignons émincés
1 laitue coupée en quartiers
SAUCE :
4 cuillères à soupe d'huile d'olive
1 cuillère à soupe de jus de citron
poivre noir

Mélangez tous les ingrédients de la salade dans un grand saladier.

Mélangez les ingrédients de la sauce, versez sur la salade et tournez bien.

Accompagnez de pommes de terre en robe des champs.

Pour 4 à 6 personnes

Truites au céleri rémoulade

30 cl de mayonnaise (page 152)
3 cuillères à soupe de yaourt
1-2 cuillères à soupe de moutarde
jus de 1/2 citron
sel et poivre
1 tête de céleri
4 truites fumées en filets
POUR DÉCORER :
frisée
tranches de citron jaune et vert
olives noires

Mélangez la mayonnaise, le yaourt, la moutarde, le jus de citron, salez et poivrez. Râpez le céleri et tournez-le dans le mélange précédent.

Répartissez les filets de truite dans 4 assiettes, décorez avec la frisée, les rondelles de citron, les olives noires et répartissez le céleri dans chaque assiette.

Pour 4 personnes

Salade de thon aux dattes ; truite au céleri rémoulade

Salade rose et verte

500 g de crevettes décortiquées
300 g de pâtes en paquet
2 avocats émincés
2 cuillères à soupe de thym, marjolaine, basilic et persil hachés
SAUCE :
1 gousse d'ail écrasée
1/2 cuillère à café de moutarde
6 cuillères à soupe d'huile d'olive
3 cuillères à soupe de jus de citron
sel et poivre
POUR DÉCORER :
olives noires
marjolaine

Mélangez tous les ingrédients de la sauce. Ajoutez-lui les crevettes, couvrez et laissez 30 minutes au réfrigérateur.

Faites cuire les pâtes al dente. Égouttez-les, passez-les rapidement sous l'eau froide, égouttez-les bien et mélangez-les avec les crevettes. Incorporez délicatement les avocats et les herbes.

Disposez la salade sur un plat de service, décorez avec les olives noires et la marjolaine. Servez aussitôt.

Pour 4 à 8 personnes

Salade de pâtes au thon

125 g de coquilles
sel et poivre
50 g de champignons de Paris hachés
1/2 poivron vert, épépiné et coupé fin
1 boîte (230 g) de tomates, égouttées et hachées
1 boîte (100 g) de thon, émietté
2 cuillères à café d'huile
1 cuillère à café de jus de citron
1 gousse d'ail écrasée

Faites cuire les pâtes à l'eau bouillante salée ; elles doivent être tendres, mais encore fermes (al dente). Égouttez-les et passez-les sous l'eau froide.

Mettez-les dans une jatte, ajoutez les champignons, le poivron, les tomates et le thon.

Mélangez l'huile et le jus de citron, ajoutez l'ail et le poivre. Versez dans la jatte et mélangez bien.

Décorez avec du persil haché avant de servir.

Note : ce plat sera encore meilleur si vous le préparez un jour à l'avance et que vous le laissez une nuit au réfrigérateur.

Salade de poisson

1 laitue croquante
250 g de colin cuit
125 g de pommes de terre nouvelles cuites non pelées, coupées fin
50 g de petits pois cuits
1/2 petit chou-fleur séparé en bouquets
50 g de cornichons coupés fin
2 ciboules coupées en rondelles
30 cl de mayonnaise (page 152)

Disposez les feuilles de salade sur les bords d'un saladier. Mélangez tous les autres ingrédients et mettez au centre du saladier.

Pour 4 personnes

Salade de poissons mélangés

500 g de tranches de cabillaud, la peau retirée
1 petit maquereau séparé en filets et la peau retirée
1 plie séparée en filets et la peau retirée
sel et poivre
1 feuille de laurier
quelques feuilles de laitue
2-3 cuillères à café de curry
15 cl de mayonnaise (page 152)
cresson pour décorer

Faites pocher les poissons 5-6 minutes dans un peu d'eau assaisonnée avec le sel, le poivre et le laurier. Retirez-les de l'eau et laissez-les refroidir. Retirez les arêtes et la peau qui reste.

Séparez les poissons en morceaux et disposez-les dans un plat de service garni de feuilles de laitue. Incorporez le curry à la mayonnaise et versez sur le poisson.

Décorez avec du cresson.

Pour 4 personnes

Salade de harengs aux pommes

8 harengs au vinaigre
4 pommes rouges coupées en quartiers et évidées
30 cl de crème fraîche
1-2 cuillères à café de carvi en grains
1 gros cornichon coupé fin
1 cuillère à soupe de persil haché
poivre noir
laitue coupée en lanières pour décorer

Coupez les harengs en morceaux de 2,5 cm et mélangez-les avec les quartiers de pomme coupés en morceaux plus petits.

Mélangez la crème, le carvi, le cornichon, le persil, le poivre.

Répartissez les lanières de laitue sur un plat de service, disposez dessus le mélange pommes-harengs et nappez de saucce. Accompagnez de pommes de terre en robe des champs.

Pour 4 personnes

A GAUCHE : *salade rose et verte*
A DROITE : *salade de poissons mélangés ; salade de harengs aux pommes*

REPAS FAMILIAUX

Vous sentez-vous à court d'idées quand les enfants affamés vous demandent : « Qu'est-ce qu'on mange ce soir ? » Si c'est le cas, ne désespérez pas. Voici une mine de suggestions à ajouter à votre répertoire.

Certains plats comme le poisson parmentier, le cabillaud au gril, les croquettes de thon, sont très simples et connus ; d'autres comme le gratin de crabe, les pains Pitta fourrés et la goulash de poisson sont plus exotiques. Mais vous connaissez les goûts de votre famille mieux que personne ; de plus, ils vous diront plus franchement que n'importe quel invité ce qu'ils pensent exactement de votre cuisine !

Que vous cherchiez à accommoder une simple plie, une nouvelle façon d'utiliser du thon en boîte ou une recette plus sophistiquée, vous trouverez la réponse dans ce chapitre, ainsi que des suggestions convenant à tous les budgets, toutes les saisons et tous les types de menus. Pour un repas courant, essayez le Redgeree ; pour un déjeuner dominical, préparez une tourte de poisson aux fruits ; et pour un dîner d'anniversaire, pourquoi pas des vivaneaux à la créole ?

Gratin d'œufs et de thon

1 boite (100 g) de thon, égoutté et émietté
2 cuillères à soupe de maïs en grains
2 œufs durs écrasés
15 g de beurre
2 cuillères à soupe de farine
15 cl de lait
50 g de gruyère râpé
2 cuillères à café de ciboulette hachée
sel et poivre
15 g de chips écrasées
ciboulette pour décorer

Mettez le poisson dans une cocotte et répartissez dessus le maïs et les œufs.

Faites fondre le beurre dans une casserole, ajoutez la farine et laissez cuire 1 minute. Incorporez peu à peu le lait et tournez jusqu'à ce que cela épaississe. Ajoutez le fromage, la ciboulette, salez et poivrez. Nappez-en le poisson.

Ajoutez les chips et faites cuire 30 minutes dans un four préchauffé à 180°. Servez chaud, saupoudré de ciboulette.

Pizza

250 g de pâte à pizza
1,5 portion de sauce tomate (page 149)
125 g de champignons émincés
8 cœurs d'archichaut en boîte émincés
6 tomates en rondelles
6 branches d'origan
1 boîte (200 g) de thon égoutté
2 cuillères à soupe de câpres
100 g d'anchois en boîte égouttés
50 g d'olives vertes hachées
125 g de rondelles de salami
50 g de mozzarella en dés
125 g de jambon
50 g de grains de maïs
2 cuillères à café d'herbes de Provence
2 cuillères à soupe d'huile d'olive
75 g de gruyère râpé

Étalez la pâte de sorte qu'elle puisse couvrir une plaque de 25 × 30 cm en la tournant pendant que vous l'étalez, pour éviter qu'elle ne se rétracte.

Posez-la sur un carton fariné. Avec le bout des doigts, poussez la pâte vers les bords pour que ceux-ci soient deux fois plus épais que le reste. Étalez la sauce tomate et dessinez 6 parts sur la pizza.

Disposez les champignons et les cœurs d'artichaut sur une part, puis les tomates et l'origan sur une autre, le thon et les câpres, les anchois écrasés et les olives, le salami et la mozzarella, le jambon en tranches et le maïs sur la dernière part. Saupoudrez d'herbes, d'huile et de fromage.

Faites gliser la pizza sur une plaque chaude et faites cuire 15 à 20 minutes au four (230°). Servez aussitôt.

Pour 10 personnes

A GAUCHE : *pizza*
A DROITE : *vivaneaux à la créole ; maquereaux marinés*

Vivaneaux à la créole

4 vivaneaux de 175 g chacun
50 g de farine
sel et poivre
1 citron émincé
SAUCE :
40 g de beurre
2 petits oignons coupés fin
2 branches de céleri coupées fin
1 poivron vert coupé fin
zeste râpé de 1 citron
2 clous de girofle
2 cuillères à soupe de persil haché
1 pincée de thym
1 pincée de romarin
1 feuille de laurier
2 gousses d'ail écrasées
poivre noir
1 kg de tomates
1 cuillère à café tabasco

Préparez la sauce : faites chauffer le beurre dans une poêle et faites revenir doucement l'oignon, le céleri et le poivron. Ajoutez le zeste de citron, la girofle, les herbes, l'ail, poivrez et laissez revenir 1-2 minutes.

Ajoutez les tomates et laissez frémir, à feu doux sans couvrir, 20 minutes. Ajoutez le tabasco. Passez les poissons dans la farine salée et poivrée, puis mettez-les dans un plat à four avec les rondelles de citron posées dessus. Arrosez avec la sauce et faites cuire 20 à 30 minutes à 180° en arrosant de temps en temps. Jetez les rondelles de citron et servez avec du riz nature.

Maquereaux marinés

1 pomme évidée et coupée en tranches fines
625-750 g de filets de maquereaux fumés
jus de 1 citron
15 cl de cidre brut
8 grains de poivre
6 baies de genièvre légèrement écrasées
1 petit oignon émincé
125 g de raisin noir épépiné

Mettez les tranches de pomme dans un plat à four creux. Couvrez-les avec les maquereaux, la peau apparente et incisée plusieurs fois en diagonale. Ajoutez le reste des ingrédients, couvrez et laissez mariner au moins 2 heures.

Faites cuire 30 minutes à 190°.

Servez chaud avec une salade de pommes de terre et de laitue.

Pour 4 personnes

Maquereaux en papillotes

Maquereaux en papillotes

4 maquereaux (250 g chacun) vidés
sel et poivre
3 cuillères à soupe d'huile d'olive (environ)
1 oignon coupé fin
2 branches de céleri coupées fin
1 cuillère à soupe de persil haché
1 gousse d'ail écrasée (facultatif)
1/2 cuillère à café d'origan sec, ou de basilic
jus de 1/2 citron

Salez et poivrez abondamment les poissons, puis badigeonnez-les d'huile. Découpez des morceaux de papier aluminium dépassant de 5 cm en longueur et en largeur les poissons ; badigeonnez-les d'huile.

Faites chauffer 2 cuillères à soupe d'huile dans une poêle et faites revenir doucement 10 minutes l'oignon et le céleri. Ajoutez le persil, l'ail, les herbes, le jus de citron, un peu de sel et poivrez.

Disposez un poisson sur chaque morceau de papier aluminium, puis recouvrez-le du mélange. Fermez bien les papillotes, posez-les sur une tôle à pâtisserie et faites cuire 25 à 30 minutes dans un four préchauffé à 200°. Servez dans les papillotes.

Pour 4 personnes

Terrine d'églefin et d'épinards

500 g de filets d'églefin
15 cl de lait écrémé
1 feuille de laurier
sel et poivre
1 œuf dur haché
500 g d'épinards en branches
SAUCE :
15 cl de lait écrémé (environ)
25 g de margarine
1 oignon haché
25 g de farine
noix de muscade râpée
POUR DÉCORER :
1 tomate coupée en rondelles

Mettez dans une casserole le lait, la feuille de laurier, salez, poivrez et portez à ébullition ; faites pocher l'églefin environ 10 minutes ; il doit être tendre. Égouttez-le et gardez le jus de cuisson. Émiettez le poisson et mélangez-le avec l'œuf. Faites cuire les épinards et égouttez-les bien.

Ajoutez du lait au jus de cuisson, pour obtenir environ 30 cl de liquide. Dans une casserole, faites revenir l'oignon dans la margarine. Ajoutez la farine et laissez cuire 1 minute en tournant. Incorporez peu à peu le lait, puis portez à ébullition en tournant. Laissez cuire encore 1 minute. Ajoutez la noix de muscade et rectifiez l'assaisonnement. Ajoutez le poisson et mélangez bien.

Dans un plat à soufflé beurré, disposez en couches successives le poisson et les épinards, en terminant par une couche d'épinards. Faites cuire 20 à 30 minutes dans un four préchauffé à 180°. Décorez avec la tomate.

Pour 4 personnes

Maquereaux à la moutarde

4 filets de maquereaux
2 cuillères à café de jus de citron
sel et poivre
25 g de flocons d'avoine
2 cuillères à café de moutarde
POUR DÉCORER :
branches de persil
tranches de citron

Posez les filets de maquereaux sur une grille recouverte de papier aluminium. Aspergez-les de jus de citron, salez et poivrez.

Mélangez les flocons d'avoine et la moutarde ; badigeonnez-en les filets. Faites-les cuire 10 minutes sous un gril moyen (ou bien disposez la grille dans la partie inférieure du four, si vous ne pouvez régler le gril). Disposez-les sur un plat de service chaud et décorez avec le persil et les tranches de citron.

Pour 4 personnes

A DROITE : *pains pitta fourrés ; pommes de terre farcies au thon*

Pains pitta fourrés

500 g de filets de poisson blanc
2 pains pitta
quartiers de citron
MARINADE :
4 cuillères à soupe d'huile d'olive
2 cuillères à soupe de vinaigre
1 cuillère à café de tabasco
sel et poivre
SALADE :
1 petit oignon émincé
50 g de chou blanc émincé
1/2 poivron vert épépiné et émincé
2 tomates fermes en rondelles fines
4 cuillères à soupe de vinaigrette (page 153)

Coupez le poisson en lanières épaisses et mettez-les dans une jatte. Mélangez tous les ingrédients de la marinade et versez dans la jatte. Laissez au moins 1 heure au réfrigérateur.

Pendant ce temps, préparez la salade : mélangez l'oignon, le chou, le poivron, les tomates, versez la vinaigrette et tournez délicatement.

Coupez chaque pain pitta en deux dans le sens de la longueur. Avec un couteau pointu fendez-les et garnissez-les à moitié avec la salade.

Égouttez le poisson et réservez la marinade. Faites cuire le poisson 10 minutes sous le gril, en le badigeonnant de temps en temps de marinade et en le tournant une fois en cours de cuisson. Répartissez-le dans les pains pitta et arrosez de jus de citron avant de servir.

Pour 4 personnes

Pommes de terre farcies au thon

4 pommes de terre de 175-250 g chacune
1 cuillère à soupe d'huile de tournesol
GARNITURE :
1 cuillère à soupe d'huile de tournesol
1 petit oignon coupé fin
50 g de petits champignons de Paris émincés
1 boîte (200 g) de thon
2 cuillères à soupe de persil haché
1 pincée de sauge
poivre noir
persil pour décorer

Grattez les pommes de terre, essuyez-les bien et piquez-les tout autour avec une fourchette. Faites une fine incision comme si vous vouliez les couper en deux dans le sens de la longueur. Badigeonnez-les d'huile et faites cuire 1 heure à 200°.

Pendant ce temps, préparez la garniture : faites chauffer l'huile et faites revenir doucement l'oignon 4-5 minutes. Ajoutez les champignons et laissez revenir 3-4 minutes.

Coupez les pommes de terre en deux le long de l'incision. Baissez la température du four à 190°.

Évidez la chair des pommes de terre délicatement et réduisez-la en purée. Mélangez-la avec le mélange de champignons, le poisson, les herbes, poivrez, puis répartissez ce mélange dans les enveloppes de pommes de terre. Décorez de persil et accompagnez d'une salade mixte.

Pour 4 personnes

Poisson au curry

25 g de margarine
1 oignon coupé fin
1/2 poivron vert coupé fin
1 carotte coupée en tranches fines
3 cuillères à café de curry
1 cuillère à soupe de farine
30 cl d'eau ou de court-bouillon
1 cuillère à café de jus de citron
1 petite pomme pelée, coupée fin
1 cuillère à soupe de raisins de Smyrne
500 g de filet d'églefin coupé en cubes
sel et poivre
persil haché

Faites revenir 5 minutes dans le beurre l'oignon, le poivron, la carotte et le curry. Ajoutez la farine et laissez cuire 1 minute.

Incorporez peu à peu le bouillon et le jus de citron. Tournez jusqu'à ce que la sauce épaississe. Ajoutez la pomme, les raisins, l'églefin, salez et poivrez. Couvrez et laissez mijoter 20 à 25 minutes.

Versez le tout dans un plat de service chaud et saupoudrez de persil haché. Accompagnez ce plat de : riz nature, rondelles de tomates, dés de concombre et yaourt nature maigre.

Pour 4 personnes

Darnes de cabillaud

4 darnes de cabillaud
2 cuillères à café de jus de citron
poivre
15 g de beurre
1 oignon coupé fin
1 poivron vert coupé fin
3 branches de céleri coupées fin
6 tomates pelées et coupées fin
1 gousse d'ail écrasée
1 pincée d'origan
sel
persil

Mettez les darnes dans un plat allant au four. Poivrez-les et aspergez les de jus de citron. Dans une casserole, faites fondre le beurre et faites revenir doucement l'oignon, le poivron et le céleri. Ajoutez les tomates, l'ail, l'origan et salez. Portez à ébullition, couvrer et laissez mijoter 10 à 15 minutes.

Répartissez ce mélange sur les darnes, couvrez avec du papier aluminium et mettez à cuire 30 minutes dans un four préchauffé à 180°. Décorez avec du persil au moment de servir.

Pour 4 personnes

Haddock au gratin

500 g de filets de haddock
lait pour pocher
50 g de beurre
25 g de farine
15 cl de crème fraîche
sel et poivre
50 g de gruyère râpé
25 g de chapelure
persil pour décorer

Mettez les filets de haddock dans une casserole et versez le lait afin de les recouvrir, portez à ébullition et laissez frémir doucement 15 minutes. Égouttez, mettez de côté le jus de cuisson et émiettez.

Faites fondre le beurre dans une casserole. Ajoutez la farine ; tout en tournant, laissez cuire 2 minutes. Incorporez peu à peu la crème et 15 cl de jus de cuisson. Portez à ébullition et laissez mijoter jusqu'à ce que la sauce épaississe. Incorporez le gruyère, sauf une cuillerée à soupe, puis le poisson. Versez le tout dans un plat à gratin beurré.

Mélangez le reste de gruyère et la chapelure, saupoudrez-en la surface du plat. Faites cuire 20 minutes dans un four préchauffé à 190°. Décorez avec du persil.

Pour 4 personnes

Poissons à la sauce tomate

1,5 kg de poissons entiers (bar, brème, barbue, etc.) vidés
2 cuillères à soupe de farine
sel et poivre
65 g de beurre
1 oignon haché
1 poivron vert haché
1 poivron rouge haché
2 branches de céleri haché
2 boîtes de tomates (environ 400 g chacune)
1 cuillère à soupe de concentré de tomates
1 cuillère à soupe de jus de citron
quelques gouttes de tabasco
1 feuille de laurier
brins de persil pour décorer

Salez et poivrez la farine, puis passez-la à l'extérieur et à l'intérieur des poissons. Disposez-les dans un plat allant au four.

Faites fondre le beurre dans une casserole, où vous ferez revenir l'oignon, le poivron vert et le poivron rouge. Ajoutez les tomates et leur jus, le concentré, le jus de citron, le tabasco et la feuille de laurier. Portez à ébullition, puis laissez mijoter 15 minutes ; les légumes doivent être tendres.

Retirez la feuille de laurier, puis passez le tout au mixeur. Rectifiez l'assaisonnement, puis versez sur le poisson. Faites cuire 45 minutes dans un four préchauffé à 180° ; les poissons doivent être tendres. Arrosez régulièrement avec la sauce pendant la cuisson. Décorez avec du persil.

Pour 4 à 6 personnes

L'achat

Vérifiez toujours que le poisson est frais : il doit être ferme, avoir des yeux brillants, des ouïes très rouges, la peau humide et une odeur fraîche. Quand vous achetez des filets de poisson, veillez à ce qu'ils soient nets et la chair d'un blanc translucide. Le poisson fumé doit avoir une odeur fumée fraîche et une belle apparence. Le poisson congelé doit être dur et l'emballage intact. Les coquilles des fruits de mer doivent être intactes.

A GAUCHE : *poisson au curry*
A DROITE : *cabillaud sauce blanche*

Cabillaud en sauce blanche

4 tranches de cabillaud
2 cuillères à café de jus de citron
sel et poivre
SAUCE :
25 g de beurre
25 g de farine
30 cl de lait écrémé
75 g de gruyère râpé
POUR DÉCORER :
persil
1 tomate en quartiers

Mettez les tranches de cabillaud dans un plat creux allant au four, salez, poivrez et aspergez de jus de citron.

Dans une casserole, faites fondre le beurre, ajoutez la farine et le lait peu à peu. Tournez jusqu'à ce que la sauce épaississe. Ajoutez le gruyère, salez et poivrez.

Versez la sauce sur le poisson et faites cuire 30 minutes dans un four préchauffé à 180°. Décorez avec le persil et les quartiers de tomate.

Pour 4 personnes

Lasagne de la mer

75 g de beurre
1 kg de haddock
1,5 l de lait
1 oignon coupé en deux
1 branche de céleri
75 g de farine
sel, poivre noir fraîchement moulu
noix de muscade
50 g de parmesan râpé
50 g de mozarella grossièrement râpée
250 g de lasagne

Beurrez un plat allant au four avec 15 g de beurre. Placez le haddock, le lait, l'oignon et le céleri dans une casserole, portez à ébullition à feu doux et laissez mijoter doucement 5 minutes.

Retirez du feu et laissez refroidir. Lorsque le mélange est presque froid, versez le lait dans un pot, effeuillez le poisson, en retirant la peau et les arêtes. Mettez de côté.

Faites fondre le reste de beurre dans une casserole à feu doux. Incorporez la farine et faites cuire 1 à 2 minutes. Retirez du feu et ajoutez graduellement le lait. Remettez sur le feu et portez à ébullition en remuant sans arrêt. Assaisonnez de sel, poivre et noix de muscade. Retirez du feu et incorporez le fromage râpé et le poisson effeuillé.

Pendant ce temps, faites cuire les lasagnes dans l'eau bouillante salée 10 à 15 minutes environ et égouttez-les.

Couvrez le fond du plat préalablement beurré avec la sauce au poisson et disposez dessus une couche de lasagne. Continuez en alternance sauce et lasagne jusqu'à utilisation complète des deux, finissez par une couche de sauce.

Saupoudrez avec le reste du fromage râpé.

Faites cuire 45 minutes dans un four préchauffé à 180°, jusqu'à ce que la surface soit dorée. Servez aussitôt accompagné d'une salade verte.

Pour 6 personnes

Quiche méditerranéenne

1 paquet de pâte brisée du commerce
GARNITURE :
1 boîte de thon à l'huile (200 g)
1 oignon haché
1 gousse d'ail pilée
2 œufs battus
115 g de ricotta
15 cl de crème fraîche
1 cuillère à soupe de ciboulette hachée
sel et poivre
1 cuillère à soupe de parmesan râpé
8 olives noires coupées en deux

Abaissez la pâte et garnissez-en un moule à fond amovible de 20 cm de diamètre. Piquez-la à la fourchette.

Pour la garniture, égouttez le thon, émiettez-le et réservez 1 cuillère à soupe de l'huile dans laquelle il était conservé. Faites chauffer cette huille dans une poêle ; mettez-y l'oignon et l'ail à revenir légèrement. Transférez dans le fond de quiche avec le thon.

Mélangez les œufs, la ricotta et la crème. Ajoutez la ciboulette ; salez et poivrez. Versez dans le moule, saupoudrez de parmesan et disposez les olives dessus.

Faites cuire de 40 à 45 minutes au four préchauffé à 190°C, jusqu'à ce que la quiche soit ferme et dorée. Servez chaud ou froid.

Pour 4 personnes

CI-DESSUS : *Quiche méditerranénne*

Crêpes aux fruits de mer

CRÊPES :
125 g de farine
1 pincée de sel
1 œuf
30 cl de lait
huile
GARNITURE :
15 g de beurre
1 gousse d'ail écrasée
1 oignon haché
25 g de farine
30 cl de lait
75 g de gruyère râpé
sel et poivre
4 cuillères à soupe de crème fraîche
125 g de crevettes décortiquées
50 g de moules cuites
2 coquilles Saint-Jacques cuites et émincées
POUR DÉCORER :
persil
crevettes entières

Tamisez la farine et le sel dans une jatte. Faites un puits au centre et mettez-y l'œuf et la moitié du lait. Fouettez jusqu'à ce que cela soit homogène, puis incorporez le reste de lait.

Huilez légèrement une poêle de 18 cm de diamètre et faites chauffer à feu moyen. Versez de la pâte et faites tourner la poêle pour que la pâte couvre bien le fond et faites cuire, puis quand le dessous est bien doré, retournez et laissez cuire l'autre côté. Répétez cette opération avec le reste de pâte jusqu'à ce que vous ayez 8 crêpes.

Empilez les crêpes sur une assiette en les séparant avec du papier paraffiné et tenez-les au chaud à four bas pendant que vous préparez la garniture.

Faites fondre le beurre dans une casserole et faites revenir l'ail et l'oignon. Ajoutez la farine et laissez cuire 1 minute. Hors du feu, incorporez le lait. Reportez sur le feu et tournez jusqu'à ce que cela épaississe. Retirez du feu, ajoutez 50 g de gruyère, salez, poivrez.

Mettez 4 cuillères à soupe dans un bol et incorporez leur la crème fraîche et laissez de côté. Ajoutez dans la casserole les crevettes, les moules, les Saint-Jacques et faites chauffer doucement. Répartissez ce mélange sur les crêpes roulez-les et posez-les sur un plat de service chaud. Versez dessus le contenu du bol et saupoudrez du reste de fromage. Faites dorer sous le gril 5 minutes.

Décorez avec le persil et les crevettes avant de servir.

Pour 4 personnes

CI-DESSUS : *Crêpes aux fruits de mer ; tranches de cabillaud au four*

Tranches de cabillaud au four

4 tranches de cabillaud
2 cuillères à soupe de jus de citron
sel et poivre
25 g de beurre
1 oignon coupé fin
1 poivron vert évidé et coupé fin
3 tomates pelées et coupées fin
3 cuillères à café de persil haché
50 g de mie de pain
75 g de gruyère râpé

Mettez le poisson dans un plat à four creux. Versez dessus le jus de citron, salez, poivrez.

Faites fondre le beurre dans une casserole et faites revenir l'oignon et le poivron. Ajoutez les tomates, 2 cuillères à café de persil, la mie de pain, le fromage, salez et poivrez.

Étalez ce mélange sur le poisson, couvrez de papier aluminium et faire cuire 30 minutes à 180°. Répartissez le reste de persil avant de servir.

Pour 4 personnes

Cabillaud aux champignons

4 tranches de cabillaud
180 g de champignons en lamelles
4 tomates en tranches
1 gousse d'ail écrasée
2 cuillères à soupe de vin blanc
1 cuillère à soupe de jus de citron
sel et poivre
persil haché

Posez les tranches de poisson dans un plat à four beurré. Répartissez dessus les champignons, les tomates et l'ail. Versez le vin et le jus de citron, salez et poivrez.

Couvrez de papier aluminium et faites cuire 30 minutes dans un four préchauffé à 180°. Décorez avec du persil haché.

Pour 4 personnes

Plie aux épinards

750 g d'épinards
3 cuillères à soupe de crème fraîche
25 g de beurre émietté
sel et poivre
noix de muscade râpée
8 petits filets de plie, la peau ôtée
2 cuillères à soupe de fromage râpé

Lavez et faites cuire les épinards 5 minutes dans de l'eau bouillante.

Égouttez-les et pressez-les. Incorporez la crème et le beurre, salez, poivrez et ajoutez la muscade ; mettez-les dans une cocotte beurrée. Roulez les filets de plie sur eux-mêmes ; tenez-les roulés avec une pique à cocktail. Disposez-les sur les épinards et saupoudrez de fromage râpé.

Couvrez et faites cuire 30 minutes dans un four préchauffé à 180°.

Pour 4 personnes

Harengs aux flocons d'avoine

4 harengs
sel et poivre
125 g de flocons d'avoine
25 g de beurre
1 cuillère à soupe d'huile
quartiers de citron pour servir

Coupez la tête des poissons et videz-les. Passez-les dans le sel. Rincez, essuyez, puis saupoudrez de sel et de poivre.

Couvrez-les avec les flocons d'avoine que vous presserez pour les faire adhérer.

Faites chauffer le beurre et l'huile dans une poêle et faites revenir les poissons environ 8 minutes, en les tournant une fois. Égouttez sur du papier absorbant et servez avec des quartiers de citron.

Pour 4 personnes

Tourte du pêcheur

35 cl de lait
1 feuille de laurier
1 oignon coupé en quatre
350 g de haddock
350 g de merlan
25 g de beurre
25 g de farine
125 g de crevettes décortiquées
125 g de petits pois cuits
2 cuillères à soupe de persil haché
sel et poivre
2 paquets (350 g chaque) de pâte feuilletée
œufs pour badigeonner
POUR DÉCORER :
quartiers de citron
crevettes non décortiquées
cresson

Portez à ébullition dans une casserole le lait avec le laurier et l'oignon. Ajoutez le poisson et laissez cuire doucement 10 minutes. Retirez le poisson, émiettez-le. Ajoutez de l'eau au liquide pour obtenir 35 cl.

Faites fondre le beurre dans une casserole, ajoutez et tournez la farine 1 minute. Incorporez peu à peu le liquide et portez à ébullition. Retirez du feu, ajoutez le poisson, les crevettes, les petits pois, le persil, salez, poivrez et laissez refroidir.

Étalez la moitié de la pâte sur un plan de travail fariné en un ovale de 24 × 30 cm, puis posez-le sur une plaque à pâtisserie humide. Étalez dessus le mélange précédent. Étalez le reste de pâte et posez-la sur le mélange de poisson. Humidifiez bien les bords et pressez-les fermement pour les faire adhérer. Décorez avec les restes de pâte, et faites une cheminée au centre.
Badigeonnez d'œuf.

Faites cuire 30 à 35 minutes au four à 200°, puis 20 minutes à 180°. Décorez avec le citron, les crevettes et le cresson.

Pour 4 à 6 personnes

Maquereaux farcis sauce aux fruits

1 oignon émincé
4 petits maquereaux
sel et poivre
300 g de groseilles à maquereaux
15 g de mie de pain
1 pincée de quatre-épices
5 cm de zeste d'orange effilé
estragon haché
4 cuillères à soupe de vinaigre à l'estragon
500 g de pommes de terre
SAUCE :
1 cuillère à soupe de raifort
2 cuillères à soupe de crème fraîche

Mettez la moitié de l'oignon dans une cocotte. Salez l'intérieur des poissons. Égouttez les groseilles, mettez le jus de côté, et hachez-en la moitié. Mélangez avec la mie de pain, le quatre-épices, le zeste d'orange, l'estragon, poivrez et répartissez dans les poissons. Mettez-les dans la cocotte, couvrez du reste d'oignon, arrosez avec le vinaigre et 4 cuillères à soupe du sirop.

Faites cuire 45 minutes à 180°, en ajoutant les pommes de terre au bout de 15 minutes de cuisson. Pendant ce temps, passez le reste de groseilles au mixeur avec le reste de sirop, puis mélangez avec le raifort et la crème, salez et poivrez. Servez le poisson et la sauce à part, accompagnés d'une salade mixte.

Pour 4 personnes

A GAUCHE : *cabillaud aux champignons ; plie aux épinards ; harengs aux flocons d'avoine*
A DROITE : *maquereaux farcis sauce aux fruits*

Gratin de sardines et d'œufs

1 boîte (225 g) de sardines à la tomate
1 œuf dur
1 branche de céleri, en morceaux
50 g de petits pois congelés
4 cuillères à soupe de lait (environ)
15 g de beurre
2 cuillères à soupe de farine
sel et poivre
25 g de pommes chips écrasées
persil haché pour décorer

Égouttez les sardines et mettez le jus de côté. Disposez-les dans un plat à gratin. Coupez l'œuf en quartiers et mettez-les dans le plat. Éparpillez dessus le céleri et les petits pois.

Mélangez le jus des sardines avec le lait, afin d'obtenir 15 cl de liquide.

Faites fondre le beurre dans une casserole et ajoutez la farine. Laissez cuire 1 minute, puis incorporez peu à peu le lait. Continuez à tourner sur le feu, jusqu'à ce que la sauce épaississe. Salez et poivrez.

Versez la sauce sur le poisson, saupoudrez de chips et faites cuire 30 minutes dans un four préchauffé à 180°.

Décorez avec du persil et servez aussitôt.

Poisson Parmentier

300 g de filets de morue fraîche
1/2 oignon haché fin
3 grains de poivre
1 petite pomme pelée, évidée, en tranches
sel et poivre
1 pincée de thym
4 cuillères à soupe de cidre brut
4-5 cuillères à soupe de lait
15 g de beurre
2 cuillères à soupe de farine
POUR COUVRIR :
85 g de purée instantanée
30 cl d'eau bouillante
1 cuillère à soupe de lait
1 noix de beurre
muscade râpée

Disposez dans un plat à gratin beurré le poisson, l'oignon, les grains de poivre, la pomme, le thym, le sel et le cidre.
Couvrez et laissez cuire 20 minutes dans un four préchauffé à 160°.

Passez le jus de cuisson et mélangez-le avec le lait, afin d'obtenir 15 cl de liquide. Faites fondre le beurre dans une casserole et ajoutez la farine.

Laissez cuire 1 minute, puis incorporez peu à peu le liquide. Continuez à tourner sur le feu, jusqu'à ce que cela épaississe, salez et poivrez.

Émiettez le poisson et ajoutez-le à la sauce, ainsi que l'oignon et la pomme, puis reversez le tout dans le plat allant au four.

Préparez la purée instantanée avec l'eau, en suivant les indications du paquet. Ajoutez en fouettant le lait et le beurre, puis la noix de muscade ; salez et poivrez.

Couvrez le poisson de ce mélange et passez le tout 2 à 3 minutes sous le gril. Servez aussitôt.

Gratin de cabillaud

500 g de cabillaud en tranches
15 g de beurre
15 g de farine
25 cl de lait
1 pincée de thym
1 pincée d'origan
6 ciboules coupées fin
sel et poivre
paprika

Disposez les tranches de cabillaud dans un plat à gratin beurré. Faites fondre le beurre dans une casserole, ajoutez la farine, et, tout en remuant, laissez cuire 1 minute. Incorporez peu à peu le lait, puis portez à ébullition. Laissez mijoter, tout en remuant, jusqu'à ce que cela épaississe. Ajoutez les herbes, salez et poivrez. Nappez-en le poisson.

Faites cuire 30 minutes dans un four préchauffé à 180° ; le poisson doit être tendre.

Pour 4 personnes

Croquettes de poisson aux herbes

300 g de pommes de terre
1 petit oignon émincé
sel et poivre
1 cuillère à soupe de lait
15 g de beurre
250 g de filets de poisson blanc coupés fin
2 cuillères à café de persil haché
1 pincée d'herbes de Provence
1 œuf, blanc et jaune séparés
chapelure
huile à friture

Faites cuire les pommes de terre et l'oignon à l'eau bouillante salée. Égouttez et réduisez en purée, puis ajoutez le lait.

Dans le beurre fondu, faites revenir le poisson 10 à 15 minutes. Émiettez-le et incorporez-le aux pommes de terre. Ajoutez les herbes, le jaune d'œuf, le sel et le poivre. Mélangez bien, puis laissez refroidir.

Divisez le mélange en 4 portions et donnez à chacune la forme d'une galette. Battez légèrement le blanc d'œuf et passez-y les croquettes, puis passez-les dans la chapelure.

Faites cuire les croquettes dans l'huile bien chaude, jusqu'à ce qu'elles soient dorées et croustillantes.
Disposez-les sur un plat de service.

Filets de plie gratinés

300 g de filets de plie
15 g de beurre
50 g de gruyère râpé
SAUCE :
15 g de beurre
2 cuillères à soupe de farine
15 cl de lait
2 cuillères à soupe de yaourt nature
sel et poivre
POUR DÉCORER :
persil

Mettez le poisson dans un plat creux allant au four. Parsemez-le de petits morceaux de beurre et mettez-le 10 minutes dans un four préchauffé à 180°.

Pendant ce temps, préparez la sauce : faites fondre le beurre dans une casserole et incorporez-y la farine. Laissez cuire 1 minute, puis incorporez peu à peu le lait. Remuez jusqu'à ce que cela épaississe. Incorporez le yaourt, salez et poivrez.

Nappez-en le poisson, saupoudrez de gruyère et passez au four 15 minutes.

Décorez avec du persil et servez.

Plies farcies aux champignons

4 plies nettoyées
1 cuillère à soupe d'huile
1 oignon haché
1 gousse d'ail écrasée
75 g de chapelure
125 g de champignons de Paris hachés
1 cuillère à café de marjolaine hachée
2 cuillères à café de persil haché
POUR DÉCORER :
branches de marjolaine
rondelles de citron

Coupez les nageoires et la queue des poissons. Sur la face blanche de chacun faites une incision le long de l'arête. Sur la moitié du poisson, coupez deux tiers environ tout autour de l'incision afin de former une poche. Répétez l'opération sur l'autre moitié.

Faites chauffer l'huile dans une poêle, ajoutez et faites revenir l'oignon, l'ail et la chapelure. Ajoutez le reste des ingrédients et laissez revenir 2 minutes. Répartissez dans les poches des poissons.

Mettez-les dans un plat à four beurré, couvrez de papier aluminium et faites cuire 20 à 30 minutes au four (200°). Décorez avec de la marjolaine et le citron.
Pour 4 à 6 personnes

A GAUCHE : *gratin de sardines et d'œufs*
A DROITE : *plies farcies aux champignons*

Croquettes de thon

300 g de pommes de terre cuites
25 g de beurre
300 g de thon en boîte émietté
2 cuillères à soupe de persil haché
sel et poivre
2 œufs battus
80 g de chapelure
huile
persil
quartiers de citron

Réduisez les pommes de terre en purée avec le beurre ; incorporez le thon, le persil, la moitié des œufs battus, salez et poivrez. Laissez le mélange 20 minutes au réfrigérateur, puis disposez-le sur une surface farinée et formez un rouleau. Coupez 8 tranches que vous aplatirez jusqu'à ce qu'elles aient 6 cm de diamètre. Passez-les dans l'œuf restant, puis dans la chapelure. Faites chauffer l'huile dans une poêle et faites dorer les tranches 2 à 3 minutes de chaque côté. Décorez chacune d'elles avec du persil et accompagnez de quartiers de citron.

Pour 4 personnes

Pâtes au thon

500 g de pâtes
sel et poivre
1 boîte de velouté de champignons (environ 300 g)
2 cuillères à soupe de madère
2 boîtes de thon au naturel (200 g chacune) égoutté et émietté
6 ciboules coupées fin
4 œufs durs coupés en rondelles
25 g de chips écrasées
2 cuillères à soupe de gruyère râpé
persil pour décorer

Faites cuire les pâtes à l'eau bouillante salée. Égouttez-les, puis mélangez-les avec la crème de champignons et le madère. Mettez 1/3 de ce mélange dans une cocotte beurrée. Recouvrez-les avec la moitié du thon, des ciboules et des œufs ; salez et poivrez. Continuez cette répartition par couche en terminant par une couche de pâtes.

Mélangez les chips et le gruyère, puis saupoudrez sur les pâtes. Faites cuire 25 à 30 minutes dans un four préchauffé à 180° ; décorez la surface dorée avec du persil.

Pour 4 à 6 personnes

Croquettes de saumon

1 boîte (210 g) de saumon, égoutté
500 g de pommes de terre cuites à l'eau
25 g de margarine
1 cuillère à soupe de lait (facultatif)
1 cuillère à soupe de persil haché
poivre
zeste râpé de 1/2 citron
1 cuillère à soupe d'huile
persil pour décorer

Dans une jatte écrasez à la fourchette le saumon.

Réduisez en purée les pommes de terre avec la margarine ; ajoutez le lait si cela vous semble trop sec, puis incorporez le saumon, le persil, le poivre, le zeste de citron. Formez de petites croquettes plates.

Badigeonnez d'huile une poêle et répartissez-y les croquettes. Plongez du papier absorbant dans l'huile pour badigeonner la surface des croquettes. Faites cuire sous le gril 4-5 minutes de chaque côté.

Décorez avec le persil et accompagnez de petits pois et d'une salade verte.

Pour 4 à 6 personnes

A GAUCHE : *croquettes de thon*
A DROITE : *gratin de poisson ; haddock au maïs*

Gratin de poisson

500 g de filets de morue
sel et poivre
1 cuillère à soupe d'huile
50 g de beurre
1 gros oignon coupé fin
1 boîte (400 g) de tomates
1 gousse d'ail écrasée (facultatif)
125 g de champignons coupés fins
1/2 cuillère à café de thym
500 g de pommes de terre cuite
2 cuillères à soupe de lait
2 cuillères à soupe de gruyère râpé

Recouvrez le poisson dans une casserole avec de l'eau froide. Salez et poivrez, portez à ébullition, puis laissez frémir 10 minutes. Faites chauffer l'huile et la moitié du beurre dans une poêle et faites revenir doucement 5 minutes l'oignon. Ajoutez les tomates et leur jus, l'ail, les champignons et le thym, puis laissez cuire 5 minutes. Salez et poivrez. Égouttez le poisson, ôtez la peau et les arêtes, émiettez-le et ajoutez-le dans la poêle. Disposez ce mélange dans un plat à four de 20 cm de diamètre. Réduisez les pommes de terre en purée avec le reste de beurre et le lait, puis assaisonnez. Répartissez-la sur le mélange précédent. Saupoudrez de fromage râpé et faites cuire environ 20 minutes dans un four préchauffé à 200°. La surface doit être dorée.

Pour 4 personnes

Haddock au maïs

750 g de haddock
25 g de beurre
25 g de farine
15 cl de lait
sel et poivre
1 boîte (300 g) de maïs en grains égouttés
4 cuillères à soupe de crème fraîche (facultatif)
persil pour décorer

Mettez le haddock dans une grande poêle avec juste assez d'eau bouillante pour le recouvrir. Laissez frémir sans couvrir, 5 minutes, en écumant la surface. Ôtez le poisson et mettez de côté 15 cl de jus de cuisson, puis coupez le poisson en cubes et mettez-le dans une cocotte. Faites fondre le beurre dans une casserole, ajoutez la farine et laissez cuire 1 minute en tournant ; ajoutez peu à peu le lait et les 15 cl de jus de cuisson. Portez à ébullition sans cesser de tourner, salez et poivrez. Ajoutez le maïs et versez le tout sur le poisson. Couvrez et laissez cuire 20 minutes dans un four préchauffé à 180°. Versez la crème fraîche au moment de servir et décorez avec du persil.

Pour 4 personnes

Cassoulet de poisson

175 g de haricots blancs secs, ayant trempé une nuit
2 cuillères à soupe d'huile d'olive
50 g de lardons
2 gousses d'ail écrasées
1 oignon émincé
1 poireau émincé
125 g de filet de flétan
250 g de filet de colin
1 petit maquereau, filets levés
3 grosses tomates pelées et hachées
sel et poivre
1 feuille de laurier
15 cl de vin blanc sec

Faites bouillir les haricots dans leur eau de tempage 1 h à 1 h 30 (ne les salez pas, car ils durciraient). Égouttez-les et mettez-les de côté.

Faites chauffer l'huile dans une casserole et faites revenir le lard, l'ail, l'oignon et le poireau 5 à 8 minutes à feu moyen.

Coupez les poissons en morceaux et alternez-les dans une cocotte avec le contenu de la casserole et les tomates, salez, poivrez. Ajoutez le laurier et versez le vin.

Couvrez et faites cuire 1 heure dans un four à 180°.

Pour 4 personnes

Poisson aux épices

1 kg de filets de haddock
MARINADE :
30 cl de yaourt nature
4 gousses de cardamome
1/2 cuillère à café de fenouil en grains
1/2 cuillère à café de cumin en grains
1 cuillère à soupe de coriandre
2 cuillères à café de cumin moulu
1/2 cuillère à café de curcuma
1/2 cuillère à café de gingembre
1/2 cuillère à café de piment
1 cuillère à soupe d'huile d'olive

Mélangez d'abord tous les ingrédients de la marinade, puis ajoutez le poisson et laissez mariner 2 heures au réfrigérateur, en tournant de temps en temps.

Sortez le poisson de la marinade et posez-le dans un plat à four. Versez dessus la marinade et faites cuire 30 minutes dans un four à 180°.

Décorez de coriandre hachée et accompagnez de riz.

Pour 6 personnes

Tourte de poisson aux fruits

275 g de farine
1 pincée de sel
140 g de beurre
eau pour lier (environ 9 cuillères à café)
GARNITURE :
750 g de filets de cabillaud la peau retirée
sel et poivre
6 poires fermes, pelées, évidées et coupées en tranches
4 œufs légèrement battus
le zeste râpé de 1 citron
le jus de 1 citron
50 g de raisins de Smyrne
15 cl de crème fraîche

Tamisez la farine et le sel dans une jatte. Incorporez le beurre du bout des doigts jusqu'à ce que cela soit grumeleux. Arrosez d'eau et mélangez avec une palette pour que cela devienne collant. Pétrissez la pâte sur une surface farinée. Laissez-la reposer au moins 15 minutes.

Pendant ce temps, portez à ébullition le cabillaud dans de l'eau salée et laissez frémir 5 minutes. Égouttez-le et émiettez-le.

Mélangez-le avec les poires, les trois-quarts des œufs battus, le zeste et le jus de citron, les raisins, salez, poivrez.

Étalez la pâte et utilisez-en les deux tiers pour garnir un moule à tourte. Répartissez le mélange précédent et couvrez avec le reste de pâte. Faites un trou au centre et badigeonnez avec le reste d'œuf. Faites cuire 35 à 40 minutes dans un four à 200°.

Versez doucement la crème par le trou au centre et secouez doucement pour qu'elle se répartisse bien.

Accompagnez d'une julienne de carottes et de courgettes.

Pour 4 personnes

Tourte de poisson aux fruits ; cassoulet de poisson

Œufs Fu-Yung

3 champignons parfumés
3 cives
1 morceau de gingembre
2 cuillères à soupe d'huile
1 gousse d'ail écrasée
30 g de pousses de bambou, en dés
6 châtaignes d'eau, égouttées, en morceaux
30 g de crevettes décortiquées
1 boîte de crabe, égoutté (170 g)
1 cuillère à soupe de vin blanc sec
sel
6 œufs battus

Faites tremper les champignons 15 minutes dans de l'eau chaude. Pressez-les bien pour en extraire l'eau, équeutez-les et coupez les têtes en morceaux. Hachez finement la cive et le gingembre.

Faites chauffer l'huile dans un wok ou une sauteuse. Ajoutez la cive, le gingembre, l'ail et faites revenir 1 minute tout en tournant. Ajoutez les champignons, les pousses de bambou, les châtaignes et laissez cuire 30 secondes.

Incorporez les crevettes, la chair du crabe, le vin blanc. Salez largement. Baissez le feu et ajoutez les œufs battus. Remuez jusqu'à ce que le mélange prenne.

Disposez sur un plat de service chaud et servez immédiatement.

Pour 4 à 6 personnes

Kippers

2 kippers
15 g de beurre
POUR SERVIR :
1 tranche de pain de campagne beurré

Coupez la tête et la queue des poissons. Posez-les, peau apparente, sur du papier aluminium et passez-les 1 minute sous le gril. Retournez-les, parsemez de beurre et remettez 5 minutes sous le gril.

Servez aussitôt accompagné de pain de campagne.

Pour 1 personne

Bâtonnets de poisson fumé

350 g de filets de poisson fumé
1 feuille de laurier
250 g de pommes de terre pelées
sel et poivre
50 g de beurre
1 petit oignon coupé fin
50 g de farine
2 œufs battus
125 g de chapelure
huile à friture
1 citron coupé en quartiers pour décorer
sauce rémoulade (page 152) pour servir

Mettez le poisson dans une casserole, couvrez d'eau, ajoutez le laurier et faites-le pocher 10 minutes. Retirez la peau et les arêtes, puis émiettez-le.

Faites cuire les pommes de terre à l'eau bouillante salée. Réduisez-les en purée avec 25 g de beurre.

Faites fondre le reste de beurre dans une poêle et faites revenir l'oignon. Mélangez-le avec le poisson, la purée, salez, poivrez et incorporez la moitié de l'œuf battu. Laissez dans un endroit frais 15-20 minutes.

Formez des bâtonnets, passez-les dans la farine, puis l'œuf battu et ensuite dans la chapelure. Faites chauffer l'huile à friture à 190° et plongez-y la moitié des bâtonnets. Laissez-les dorer 3 minutes, puis égouttez-les sur du papier absorbant et tenez-les au chaud pendant que vous faites cuire le reste.

Décorez avec le citron et servez la sauce à part.

Pour 4 personnes

Œufs Fu-Yung

Maquereaux sauce raifort

4 maquereaux moyens
2 cuillères à soupe de maïzena
3 cuillères à soupe de raifort râpé
2 cuillères à soupe de jus de citron
4 cuillères à soupe de vin blanc
sel et poivre

Coupez la tête des poissons et videz-les. Mettez-les dans un plat à four beurré.

Mélangez la maïzena et le raifort, puis ajoutez le jus de citron et le vin. Salez, poivrez et versez sur le poisson. Couvrez et faites cuire 30 minutes dans un four préchauffé à 160°.

Pour 4 personnes

Cabillaud au gril

4 tranches de cabillaud
80 g de gruyère râpé
1 cuillère à soupe de lait
sel et poivre
persil pour décorer

Posez les tranches de cabillaud sur un gril graissé et laissez-les 4 à 5 minutes sur un côté. Mélangez les autres ingrédients, salez et poivrez.

Retournez le poisson et étalez dessus le mélange. Réduisez le feu et laissez encore griller 5 minutes ; le poisson doit être cuit et la surface doit être dorée. Décorez avec du persil.

Pour 4 personnes

Maquereaux sauce raifort ; cabillaud au gril

Kedgeree

3 œufs durs
250 g de filets de maquereaux fumés, émiettés
175 g de riz long cuit
40 g de beurre
2 cuillères à soupe de crème fraîche (facultatif)
1 cuillère à soupe de persil haché
1 cuillère à soupe de jus de citron
sel et poivre
POUR DÉCORER :
paprika
cresson

Séparez un jaune d'œuf de son blanc et mettez-le de côté pour la décoration. Coupez fin le blanc d'œuf avec les œufs restant.

Mélangez-les avec les autres ingrédients dans une grande casserole, salez, poivrez. Couvrez et faites chauffer doucement 3-4 minutes, en secouant la casserole de temps en temps. Transférez dans un plat de service chaud.

Passez le jaune d'œuf en réserve au tamis, répartissez-le sur le plat ainsi que le paprika et ajoutez le cresson. Servez aussitôt.

Pour 4 personnes

Crêpes de haddock

Crêpes de haddock

PÂTE À CRÊPES :
125 g de farine complète
1 œuf battu
30 cl de lait
1 cuillère à soupe d'huile
FARCE :
500 g de filets de haddock
30 cl de lait
40 g de beurre
40 g de farine complète
2 œufs durs, écrasés
sel et poivre
25 g de beurre fondu
25 g de gruyère

Faites un trou au centre de la farine et versez-y l'œuf, la moitié du lait et l'huile ; mélangez et ajoutez le reste de lait. Faites chauffer une petite poêle graissée, versez un peu de pâte ; quand elle est cuite, retournez-la ; recommencez pour toute la pâte.

Dans une casserole, mettez le haddock, le lait, couvrez et amenez à ébullition. Laissez mijoter 5 minutes. Laissez refroidir, puis retirez le poisson ; enlevez la peau et les arêtes, émiettez. Passez le liquide et ajoutez du lait si nécessaire pour obtenir 30 cl ; réservez.

Faites fondre le beurre dans une casserole ; hors du feu, ajoutez la farine. Versez le liquide de cuisson et tournez pour obtenir un mélange homogène. Remettez sur le feu, amenez à ébullition en remuant jusqu'à épaississement. Ajoutez les œufs, le poisson et assaisonnez.

Déposez sur chaque crêpe une cuillère de farce, roulez et disposez sur un plat creux huilé. Badigeonnez de beurre fondu et saupoudrez de gruyère. Mettez à four préchauffé à 190°, 15 minutes. Servez.

Pour 4 à 6 personnes

Cabillaud à la provençale

1 cuillère à soupe d'huile d'olive
1 oignon coupé en rondelles
1 gousse d'ail écrasée
1 poivron vert évidé, épépiné et coupé en lamelles
15 cl d'eau
1 cuillère à soupe de concentré de tomates
3-4 tomates, pelées et coupées en quatre
750 g de filets de cabillaud coupés en quatre morceaux
sel et poivre
3-4 olives farcies pour décorer

Faites chauffer l'huile dans la cocotte et faites revenir doucement l'oignon et l'ail. Ajoutez le poivron vert et laissez encore revenir 2 minutes. Ajoutez l'eau, le concentré de tomate et les tomates. Posez le poisson dessus, salez et poivrez.

Vissez le couvercle et comptez 4 minutes de cuisson après le premier jet de vapeur.

Disposez le tout sur un plat de service chaud et décorez avec les olives.

Pour 4 personnes

Cabillaud gratiné ; maquereaux marinés rapides

Cabillaud gratiné

750 g de pommes de terre râpées
1 œuf
4 cuillères à soupe de lait
250 g de filets de cabillaud coupés en dés
50 g de chapelure
1 oignon haché
1 tomate hachée
2 cuillères à soupe de persil haché
125 g de gruyère râpé
sel et poivre
muscade râpée
25 g de beurre

Rincez les pommes de terre à l'eau froide et égouttez-les.

Battez l'œuf et le lait dans une jatte. Ajoutez le poisson, la chapelure, l'oignon, la tomate, le persil, le gruyère, les pommes de terre, la muscade, salez, poivrez et mélangez bien.

Passez ce mélange dans une cocotte beurrée et couvrez de papier aluminium. Posez-la sur un trépied dans l'autocuiseur et versez 1,2 l d'eau bouillante.

Fermez l'autocuiseur, sans visser le couvercle et laissez cuire 20 minutes, puis vissez et comptez 30 minutes de cuisson après le premier jet de vapeur.

Otez le papier aluminium et passez la terrine sous le gril, jusqu'à ce que la surface soit bien dorée.

Pour 4 personnes

Maquereaux marinés rapides

4 maquereaux vidés, la tête coupée
1 cuillère à café de fenouil moulu
60 cl d'eau
3 cuillères à soupe de vinaigre
1 oignon coupé fin
1 piment rouge pour décorer (facultatif)

Incisez la peau des maquereaux et mettez-les dans l'autocuiseur. Ajoutez les autres ingrédients.

Vissez le couvercle et comptez 4 minutes de cuisson après le premier jet de vapeur.

Laissez refroidir les maquereaux dans la cocotte, puis disposez-les sur un plat de service ; décorez avec le piment rouge.

Pour 4 personnes

Tranches de saumon au beurre d'herbes

250 g de carottes coupées en fine julienne
sel et poivre
75 g de beurre
1 cuillère à soupe d'huile
6 tranches de saumon de 175 g chaque
350 g de concombre pelé
15 cl de vin blanc sec
2 cuillères à soupe d'estragon haché
2 cuillères à soupe de cerfeuil haché
1 cuillère à soupe de ciboulette hachée

Faites cuire les carottes à l'eau bouillante salée 1 minute dans une grande casserole. Égouttez-les.

Faites chauffer 25 g de beurre et l'huile dans la même casserole. Salez, poivrez le saumon et faites revenir de chaque côté 5-7 minutes. Tenez au chaud.

Coupez le concombre en deux dans le sens de la longueur, retirez les graines et coupez-le en rondelles. Mettez-le dans une casserole avec carottes et vin, couvrez et laissez cuire 4-5 minutes. Égouttez et mettez dans un saladier ou autour du poisson. Faites réduire le jus de cuisson à la valeur de 2 cuillères à soupe.

Dans un saladier fouettez ensemble l'estragon, le cerfeuil, la ciboulette et le reste de beurre. Incorporez le jus réduit et fouettez jusqu'à ce que cela forme une sauce épaisse. Versez sur le saumon et servez.

Pour 6 personnes

Harengs marinés

6 harengs nettoyés, l'arête enlevée, coupés en deux dans le sens de la longueur
2 petits oignons émincés
2 concombres émincés
MARINADE :
30 cl de vinaigre de cidre
30 cl de cidre brut
2 feuilles de laurier
4 gousses d'ail
6 grains de poivre
2 brins de macis
1/2 cuillère à café de sel de mer
3 pincées de cayenne

Mettez les ingrédients de la marinade dans une casserole, portez à ébullition et laissez frémir 10 minutes.

Étalez sur un plan de travail les harengs, la chair en haut. Répartissez dessus des cercles d'oignon et les rondelles de concombre, roulez-les sur eux-mêmes, de la tête vers la queue, et fixez-les avec une pique en bois.

Disposez-les dans un plat à four, versez dessus la marinade et le reste de cercles d'oignons. Couvrez de papier aluminium et faites cuire 30 minutes au four (180°).

Laissez refroidir complètement, puis mettez au réfrigérateur 1-2 jours avant de servir.

Pour 6 personnes

Harengs aux pommes

4 harengs sans l'arête
sel et poivre
2 cuillères à soupe de sauce raifort
2 pommes râpées
2 cuillères à soupe de cidre brut
cresson pour décorer

Mettez les harengs dans une poêle et ajoutez de l'eau pour juste les couvrir. Salez, poivrez, portez à ébullition, puis baissez le feu, couvrez et laissez frémir 10 à 15 minutes. Égouttez-les et tenez-les au chaud.

Mettez la sauce au raifort dans une casserole avec les pommes et le cidre. Portez à ébullition, puis laissez mijoter 3 minutes.

Disposez les harengs sur un plat de service chaud et nappez-les de sauce. Décorez avec le cresson.

Pour 4 personnes

Cabillaud à la tomate

50 g de beurre ou de margarine
4 tranches de lard fumé coupé fin
2 oignons coupés fin
4 tomates pelées et coupées fin
1 gousse d'ail écrasée (facultatif)
sel et poivre
1 cuillère à soupe de persil haché
4 filets de cabillaud ou d'églefin
1 cuillère à soupe de jus de citron
50 g de chapelure
50 g de gruyère râpé

Faites fondre le beurre dans une poêle, ajoutez le lard, l'oignon, les tomates et l'ail : laissez revenir jusqu'à ce que l'oignon soit transparent. Salez, poivrez, puis disposez le tout au fond d'un plat à four beurré et saupoudrez de persil. Posez dessus le poisson et versez le jus de citron.

Mélangez la chapelure et le fromage ; saupoudrez-en le poisson. Faites cuire 30 minutes dans un four préchauffé à 180° ; le poisson doit être tendre et la surface dorée.

Pour 4 personnes

Cabillaud au cidre

1 oignon coupé fin
125 g de champignons coupés fin
4 tranches de cabillaud
1 œuf battu
3 cuillères à soupe de chapelure
2 cuillères à café de jus de citron
sel et poivre
4 cuillères à soupe de cidre
25 g de beurre
persil haché pour décorer (facultatif)

Mettez l'oignon et les champignons au fond d'un plat à four.

Passez les tranches de poisson dans l'œuf : saupoudrez dessus la chapelure. Posez-les sur les champignons et arrosez de jus de citron, salez et poivrez. Versez le cidre.

Parsemez de petits morceaux de beurre et faites cuire 40 minutes dans un four préchauffé à 160° ; le poisson doit être tendre. Décorez avec le persil.

Pour 4 personnes

A GAUCHE : *tranches de saumon au beurre d'herbes*
A DROITE : *cabillaud à la tomate ; cabillaud au cidre*

Éperlans sauce au concombre

4 cuillères à soupe de persil haché
2 cuillères à soupe de ciboulette coupée fin
8 cuillères à soupe de farine
sel et poivre
6 cuillères à soupe de lait
750 g d'éperlans ou de sprats
75 g de beurre
2 cuillères à soupe d'huile
1 petit concombre pelé, épépiné et coupé
30 cl de vin blanc sec
30 cl de crème fraîche

Sur une assiette mélangez le persil, la ciboulette, la farine, salez et poivrez. Versez le lait dans une jatte. Passez chaque poisson dans le lait, puis dans la farine.

Faites chauffer 50 g de beurre et l'huile dans une poêle et faites revenir les poissons 1 minute de chaque côté. Retirez-les avec une écumoire, égouttez-les et tenez-les au chaud sur un plat de service.

Faites fondre le reste de beurre dans une casserole propre et faites revenir le concombre 30 secondes. Ajoutez le vin, salez, poivrez et portez à ébullition. Retirez du feu et incorporez la crème. Faites réchauffer sans bouillir, puis versez sur le poisson et servez aussitôt.

Pour 4 personnes

Coquilles Saint-Jacques au curry et aux salsifis

2 grosses carottes pelées
175 g de salsifis pelés coupés en morceaux de 5 cm
3 cuillères à soupe de farine
3/4 cuillère à café de curry
sel et poivre
12 coquilles Saint-Jacques
4 cuillères à soupe d'huile
30 cl de vin blanc sec
2 cuillères à soupe de crème fraîche

Faites cuire ensemble à l'eau bouillante salée, les carottes et les salsifis jusqu'à ce qu'ils soient tendres. Égouttez-les. Faites des petite boules dans les carottes ou coupez-les en petits cubes. Mélangez la farine et le curry, salez, poivrez et passez-y les coquilles Saint-Jacques. Faites chauffer l'huile dans une poêle et faites revenir les coquilles Saint-Jacques 1 minute de chaque côté. Retirez-les avec une écumoire et mettez-les sur un plat de service chaud et tenez-le au chaud.

Faites une pâte homogène en ajoutant un peu de vin blanc au reste de farine et tournez-la dans la poêle avec le reste de vin. Grattez bien le fond de la poêle, puis portez à ébullition. Tournez jusqu'à ce que la sauce épaississe un peu, puis ajoutez les carottes, les salsifis et laissez réchauffer. Retirez du feu, incorporez la crème et versez sur les coquilles Saint-Jacques.

Pour 4 personnes

Flétan à la julienne

6 tranches de flétan
2 cuillères à soupe d'huile de tournesol
sel et poivre
2 carottes
1 poireau
2 branches de céleri
50 g de beurre
2 cuillères à soupe de jus de citron

Badigeonnez d'huile les tranches de poisson des deux côtés, salez et poivrez. Faites-les cuire 5-6 minutes de chaque côté sous le gril, puis tenez-les au chaud sur un plat de service.

Coupez les légumes en julienne fine au mixeur.

Faites fondre le beurre dans une poêle, et faites revenir la julienne de légumes jusqu'à ce qu'elle soit transparente. Versez le jus de citron et laissez frémir 2 minutes.

Versez sur le poisson et servez aussitôt.

Pour 6 personnes

Raie aux poivrons

4 ailes de raie de 250-300 g chaque, la peau retirée
30 cl de vin blanc sec
15 cl d'eau
1 feuille de laurier
4 branches de persil
sel et poivre
1 petit poivron jaune, évidé et émincé
1 petit poivron rouge, évidé et émincé
zeste râpé et jus de 1 orange
50 g de beurre
1 cuillère à soupe de persil haché pour décorer

Mettez la raie dans une poêle à poisson avec le vin, l'eau, le laurier, le persil, salez, poivrez et portez à ébullition. Baissez le feu et laissez frémir 15 minutes. Disposez sur un plat et tenez au chaud.

Jetez le laurier et le persil, ajoutez les poivrons, le zeste d'orange, portez à ébullition et laissez bouillir 2 minutes. Retirez-les avec une écumoire et répartissez-les sur la raie. Faites bouillir un tiers du liquide de cuisson jusqu'à ce qu'il n'en reste que la valeur de 1 cuillère à soupe. Retirez du feu et ajoutez le jus d'orange.

Faites dorer le beurre dans une casserole et mélangez-le aussitôt avec le liquide précédent, salez, poivrez et versez sur le poisson avant de servir.

Pour 4 personnes

La raie

On la trouve surtout entre septembre et avril. Achetez chez votre poissonnier des ailes que vous ferez cuire entières. Lavez-les soigneusement à l'eau courante et séchez-les.

La méthode traditionnelle pour servir la raie est de l'accompagner d'un beurre noir (voir page 110), mais la combinaison de jus d'orange avec des poivrons rouges et jaunes est une variante intéressante.

A GAUCHE : *flétan à la julienne*
A DROITE : *raie aux poivrons ; éperlans sauce au concombre ; coquilles Saint-Jacques au curry et aux salsifis*

Cabillaud au four

6 tranches de cabillaud
6 cuillères à soupe d'huile
3 cuillères à soupe de jus de citron
2 cuillères à café de moutarde de Meaux
sel et poivre
25 g de beurre
1 oignon coupé fin
50 g de mie de pain
25 g de gruyère râpé
2 cuillères à soupe de persil haché

Disposez les tranches de cabillaud dans un plat. Mélangez l'huile, le jus de citron, la moutarde, salez et poivrez ; versez le tout sur le poisson. Laissez mariner 30 minutes en tournant de temps en temps.

Égouttez et mettez les tranches dans un plat à four. Faites fondre le beurre dans une casserole et faites revenir l'oignon. Ajoutez la mie de pain, le fromage et le persil. Étalez ce mélange sur le poisson et mettez le plat 30 minutes dans un four préchauffé à 180° ; le poisson doit être cuit.

Pour 6 personnes

Plie à la crème

15 g de beurre
1,5 kg de filets de plie
le jus de 1/2 citron
sel et poivre
1 cuillère à soupe d'estragon frais coupé fin
45 cl de crème
2 cuillères à café de persil haché

Beurrez un plat à four. Disposez les filets de plie et saupoudrez-les de jus de citron, de sel, de poivre et d'estragon. Couvrez avec la crème.

Faites cuire 25 minutes dans un four préchauffé à 180° ; le poisson doit être cuit. Décorez avec le persil.

Pour 6 personnes

Darnes de saumon au vermouth

25 g de chapelure
sel et poivre
4 darnes de saumon
50 g de beurre
2 cuillères à café de jus de citron
4 cuillères à soupe de vermouth sec
tranches de citron et brins de persil pour décorer

Mélangez la chapelure avec le sel et le poivre ; passez-y les tranches de saumon. Faites fondre le beurre dans une poêle et faites dorer les tranches des deux côtés ; mettez-les dans un plat à four et versez dessus le beurre contenu dans la poêle, puis le jus de citron et le vermouth.

Faites cuire 15 à 20 minutes dans un four préchauffé à 190°. Décorez avec des tranches de citron et du persil.

Pour 4 personnes

Cabillaud au four
Plie à la crème
Darnes de saumon au vermouth

Gratin de macaroni au thon

350 g de macaroni courts
sel et poivre
1 cuillère à soupe d'huile
40 g de beurre
1 gros oignon émincé
1 gousse d'ail écrasée
125 g de champignons de Paris émincés
1 cuillère à café de marjolaine ou d'origan
400 g de thon au naturel, égoutté et émietté
4-6 cuillères à soupe de yaourt
SAUCE :
50 g de beurre
3 cuillères à soupe de farine
50 cl de lait ou de bouillon de poule
1 cuillère à café de moutarde
75 g de gruyère râpé
3 cuillères à soupe de parmesan râpé
2-3 tomates pelées et coupées en rondelles

Faites cuire les macaroni à l'eau bouillante salée environ 10 minutes. Égouttez-les.

Faites fondre le beurre dans une poêle et faites revenir doucement l'oignon et l'ail. Ajoutez les champignons et laissez encore revenir quelques minutes. Incorporez les herbes, le thon, le yaourt, laissez chauffer, puis assaisonnez bien.

Répartissez la moitié des macaroni dans un plat à four beurré, étalez dessus le mélange précédent que vous couvrirez du reste de macaroni.

Pour la sauce, faites fondre le beurre dans une casserole, incorporez la farine et laissez cuire 1-2 minutes. Incorporez peu à peu le lait ou le bouillon et portez à ébullition. Ajoutez la moutarde, salez, poivrez et laissez frémir 2 minutes.

Retirez du feu, incorporez 50 g de gruyère et 1 cuillère à soupe de parmesan, puis tournez jusqu'à ce qu'ils soient fondus. Versez sur les macaroni.

Couvrez avec les rondelles de tomates et répartissez le reste de fromage.

Faites cuire 25-30 minutes dans un four à 220° et servez aussitôt.

Pour 6 personnes

Croquettes d'églefin

15 cl de lait
15 cl d'eau
250 g d'églefin
sel et poivre
500 g de pommes de terre cuites en purée
1 boîte (215 g) de saumon émietté
125 g de tomates pelées et hachées
2 cuillères à soupe de yaourt nature
75 g de chapelure
2 cuillères à soupe de gruyère râpé
25 g de farine
1 œuf battu
2 cuillères à soupe d'huile

Portez le lait et l'eau à ébullition dans une grande casserole, ajoutez le poisson, salez légèrement, poivrez et laissez frémir 10 minutes.

Émiettez le poisson et mélangez-le dans une jatte avec la purée, le saumon, les tomates, la moitié du persil, le yaourt, salez, poivrez. Divisez en 8 portions auxquelles vous donnerez une forme ovale.

Mélangez la chapelure, le fromage, le reste de persil. Passez les croquettes dans la farine, puis dans l'œuf, puis dans le mélange précédent.

Faites chauffer l'huile dans une poêle et faites dorer les croquettes 3 minutes de chaque côté.

Pour 8 personnes

A DROITE : *croquettes d'églefin*

Quenelles de haddock

1 l d'eau
1 carotte coupée en quatre
1 oignon coupé en quatre
1 bouquet garni
sel et poivre blanc
350 g de filets de haddock
2 blancs d'œufs
15 cl de crème fraîche
POUR SERVIR :
sauce crème aux herbes (page 146)
ciboulette coupée fin

Mettez l'eau, la carotte, l'oignon, le bouquet garni, le sel, le poivre dans une casserole et laissez frémir 30 minutes. Passez le haddock au mixeur, puis incorporez peu à peu, tout en laissant le mixeur en marche, les blancs d'œufs et la crème. A l'aide de deux cuillères à soupe formez des portions ovales du mélange et posez-les dans une grande cocotte beurrée, en les espaçant bien.

Filtrez le liquide au-dessus de la cocotte, couvrez et faites cuire à feu doux 10 minutes. Égouttez bien les quenelles.

Nappez-les de sauce et saupoudrez de ciboulette.

Pour 4 personnes

Quenelles de haddock

Cabillaud sauce orange

1 kg de cabillaud coupé en 4 tranches
90 cl de fumet de poisson (page 146)
1 petit oignon haché
15 g de beurre
2 cuillères à café d'huile
20 cl de jus d'orange concentré
2 cuillères à café d'estragon haché
2 cuillères à café de persil haché
sel et poivre
2 cuillères à café de maïzena
1 cuillère à soupe d'eau
15 cl de crème fraîche
8 quartiers d'orange épépinés

Mettez le poisson dans un plat à four beurré. Versez dessus le fumet de poisson, portez à ébullition, réduisez le feu et laissez pocher 10 minutes.

Retirez le poisson, posez-le sur un plat chaud, retirez la peau et les arêtes et tenez-le au chaud. Filtrez 15 cl du liquide de cuisson que vous mettrez de côté.

Faites revenir l'oignon dans le beurre, ajoutez le jus d'orange, le liquide de cuisson, les herbes, salez, poivrez. Portez à ébullition et laissez frémir 3 minutes.

Délayez la maïzena avec l'eau, vesez dans le mélange précédent, portez doucement à ébullition tout en tournant.

Retirez du feu, ajoutez la crème. Rectifiez l'assaisonnement, puis versez sur le poisson et décorez avec les quartiers d'orange.

Pour 4 personnes

Moruette

1 cuillère à soupe d'huile
1 kg de moruette
1 poivron rouge évidé et émincé
1 poivron vert évidé et émincé
2 grosses tomates pelées et hachées gros
50 g d'olives noires
2 cuillères à soupe de concentré de tomates
3 cuillères à soupe d'eau
sel et poivre

Versez l'huile dans un plat à four garni de papier aluminium dépassant du plat. Tournez-y le poisson et mettez-le de côté.

Mettez dans le plat les poivrons, les tomates, les olives, l'eau, salez, poivrez, mélangez bien et posez dessus le poisson et repliez au-dessus le papier aluminium.

Faites cuire 20 minutes à 180°.
Servez aussitôt.

Pour 4 à 6 personnes

Cabillaud à la catalane

6 cuillères à soupe d'huile d'olive
jus de 1 citron
sel et poivre
4 tranches de cabillaud
1 petit oignon haché
1 gousse d'ail écrasée avec 1 pincée de sel
1 cuillère à soupe de farine
250 g de tomates pelées, épépinées et hachées
1 cuillère à soupe de concentré de tomates
30 cl de vin blanc sec

Mélangez 4 cuillères à soupe d'huile, le jus de citron, salez, poivrez et laissez-y mariner le poisson 1 à 2 heures, en l'arrosant et le tournant de temps en temps.

Faites chauffer le reste d'huile dans une cocotte et faites dorer doucement l'oignon et l'ail. Ajoutez la farine, les tomates, le concentré de tomates, le vin, portez doucement à ébullition, sans cesser de tourner.

Posez le poisson, ajoutez la marinade, couvrez et faites cuire 20 minutes à 180° ; le poisson doit être tendre.

Pour 4 personnes

Truite aux pruneaux

4 petites truites nettoyées
200 g de pruneaux dénoyautés
4 gousses d'ail écrasées
4 cuillères à soupe de persil haché
20 cl d'huile d'olive
jus de 2 citrons
4 œufs, légèrement battus
sel et poivre

Garnissez l'intérieur des truites de quelques pruneaux et mettez-les dans un plat à four huilé. Répartissez le reste des pruneaux autour des poissons et saupoudrez-les d'ail et de persil. Ajoutez l'huile, la moitié du jus de citron et suffisamment d'eau pour qu'ils soient couverts. Faites cuire 25-30 minutes à 200°.

Disposez les truites et les pruneaux sur un plat de service chaud et tenez-les au chaud. Mélangez les œufs battus avec 8 cuillères à soupe du liquide de cuisson, ajoutez le reste du jus de citron, salez, poivrez. Faites cuire à feu doux jusqu'à ce que les œufs soient pris comme des œufs brouillés. Répartissez autour des poissons et accompagnez de courgettes et de pommes de terre nouvelles.

Pour 4 personnes

Cabillaud à la catalane ; truite aux pruneaux

Poisson à la marocaine

750 g de filets d'églefin
750 g de petits navets émincés
8 dattes dénoyautées et coupées en deux
MARINADE :
2 gousses d'ail écrasées
2 petits oignons hachés
1 cuillère à café de cumin moulu
1 cuillère à café de coriandre moulue
1 cuillère à café de cannelle en poudre
1 cuillère à café de paprika
1/2 cuillère à café de gingembre
1 pincée de cayenne
sel et poivre
jus de 1 citron
3 cuillères à soupe d'huile d'olive

Mélangez tous les ingrédients de la marinade et laissez-y le poisson au moins 1 heure au réfrigérateur, en le retournant une fois.

Mettez les navets et les dattes dans une cocotte, versez la marinade et posez dessus le poisson coupé en morceaux. Faites cuire, couvert, 45 minutes à 180°.

Pour 4 personnes

Lever les filets, retirer la peau

Pour lever les filets d'un poisson, posez celui-ci sur un plan de travail. Avec un couteau aiguisé, coupez les bords du poisson de la tête à la queue, puis le long de l'arête centrale, et détachez tout à tour les deux filets avec le couteau. Retournez le poisson et pratiquez de la même façon pour leq deux autres filets. Pour retirer la peau, posez le filet de poisson sur le plan de travail, le côté queue vers vous et la chair apparente. Tenez fermement la queue et faites glissez la lame d'un couteau entre la peau et la chair.

Pour retirer la peau d'un petit poisson entier, entaillez la peau de la queue et tirez la peau avec un chiffon d'un coup sec de la queue vers la tête ; pratiquez de la même façon de l'autre côté. Si la peau est trop glissante, passez-vous les doigts dans du sel.

Beignets d'œufs de harengs

750 g d'œufs de harengs
huile à friture
sel
PÂTE A BEIGNETS :
125 g de farine
3 cuillères à soupe d'huile
3/4 verre d'eau chaude
sel
1 blanc d'œuf battu
POUR DECORER :
persil haché
quartiers de citron

Préparez d'abord la pâte : mélangez la farine et l'huile, puis ajoutez l'eau peu à peu, salez. Mélangez bien jusqu'à ce que la pâte soit homogène. Laissez-la reposer 3 heures. Juste avant de l'utiliser, ajoutez le blanc d'œuf battu.

Passez les œufs de poisson dans la pâte et plongez-les dans l'huile chaude. Égouttez les beignets sur du papier absorbant.

Disposez-les sur un plat, salez-les et décorez avec le persil et le citron. Accompagnez d'une salade verte.

Pour 4 personnes

Maquereaux farcis au citron

4 maquereaux de 175 g chacun fendus et les arêtes retirées
jus de 1/2 citron
sel et poivre
1 feuille de laurier écrasée
FARCE :
15 g de beurre
1 petit oignon haché
75 g de mie de pain
zeste râpé et jus de 1 citron
1 cuillère à soupe de persil haché
1 petit œuf battu
POUR DÉCORER :
persil
rondelles de citron

Préparez d'abord la farce : faites fondre le beurre et faites revenir doucement l'oignon 5 minutes. Mélangez-le avec les autres ingrédients dans une jatte.

Posez les maquereaux à plat, arrosez-les de jus de citron, salez-les, poivrez-les, étalez dessus la farce et reformez-les. Posez-les dans une cocotte avec un peu d'eau, ajoutez le laurier.

Couvrez et faites cuire 15-20 minutes à 160° ; le poisson doit être tendre quand vous le piquez avec la pointe d'un couteau.

Égouttez-le, décorez avec le persil et le citron, et servez aussitôt.

Pour 4 personnes

Maquereaux farcis au citron ; poisson à la marocaine

Macaroni aux fruits de mer

1 cuillère à soupe d'huile
2 gousses d'ail
1 oignon
1 boîte de tomates (500 g)
2 cuillères à café d'origan
1 cuillère à soupe de concentré de tomates
sel et poivre
500 g de macaroni
2 cuillères à café de sel
2 cuillères à soupe d'huile
175 g de crevettes décortiquées
125 g de moules décortiquées
persil haché

Faites chauffer l'huile dans une poêle et faites fondre l'oignon et l'ail émincés 5 minutes. Ajoutez les tomates avec leur jus, les herbes, le concentré, du sel et du poivre. Laissez mijoter 20 à 25 minutes, à découvert, jusqu'à ce que la sauce épaississe.

Entre-temps, faites cuire les macaroni *al dente,* 9 à 11 minutes, dans de l'eau bouillante additionnée de sel et d'huile.

Ajoutez à la sauce les crevettes et les moules ; faites cuire 5 minutes à feu doux.

Égouttez les pâtes, disposez-les sur un plat de service chaud et nappez de sauce. Parsemez de persil et servez immédiament.

Pour 4 personnes

Gratin au thon

2 boîtes de 200 g de thon au naturel, égoutté et émietté
1 boîte (300 g) de grains de maïs égouttés
110 g de petits pois congelés
300 g de consommé au poulet en boîte
1 boîte (400 g) de tomates, égouttées
80 g de gruyère râpé
1 sachet (70 g) de pommes chips écrasées

Mélangez le thon, le maïs, les petits pois et le consommé. Mettez le mélange dans une cocotte beurrée et versez dessus les tomates.

Mélangez le fromage et les chips, et saupoudrez-en les tomates. Faites cuire 30 minutes au four (190°) ; le dessus doit être doré.

Servez aussitôt.

Pour 4 personnes

Gratin de la mer

350 g de cabillaud ou d'églefin
1 boîte (200 g) de petits champignons de Paris, égouttés
1 boîte (200 g) de tomates
125 g de crevettes
1 oignon haché fin
40 g de beurre
40 g de farine
20 cl de lait
15 cl de vin blanc sec
70 g de purée instantanée
6-7 cuillères à soupe d'eau
sel et poivre
25 g de beurre
POUR GARNIR :
rondelles de tomates
persil

Coupez le poisson en gros morceaux et mettez-les dans une cocotte. Couvrez avec les champignons, les tomates, et versez dessus un peu du jus des tomates. Saupoudrez dessus les crevettes.

Dans une poêle, faites fondre l'oignon avec le beurre. Ajoutez la farine et, sans cesser de tourner, incorporez petit à petit 10 cl du lait. Laissez cuire à feu doux 5 minutes, en tournant.

Préparez la purée selon les indications du sachet en utilisant l'eau et le reste du lait. Salez et poivrez. Recouvrez le poisson avec la purée et parsemez dessus des petits morceaux de beurre.

Faites cuire 30 minutes dans un four préchauffé à 180° ; la surface doit être dorée. Décorez avec les rondelles de tomates et le persil, et servez aussitôt.

Pour 4 personnes

Gratin de crabe

175 g de spaghetti
sel et poivre
25 g de beurre
1 gros oignon haché
1 poivron rouge moyen, coupé en dés
25 g de farine
30 cl de lait
15 cl de crème fraîche
1 cuillère à soupe de sauce worcestershire
250 g de chair et crabe égouttée et émiettée
4 œufs durs coupés en rondelles
125 g de gruyère râpé

Cassez les spaghetti en trois morceaux et faites-les cuire à l'eau bouillante salée. Pendant ce temps, faites fondre le beurre dans une casserole ; faites revenir l'oignon et le poivron. Ajoutez la farine et laissez cuire 1 minute, puis incorporez peu à peu le lait et la crème. Portez à ébullition et laissez mijoter, tout en remuant, jusqu'à ce que le tout épaississe. Ajoutez la sauce worcestershire, salez et poivrez.

Égouttez les spaghetti et incorporez-les à la sauce. Étalez la moitié de ce mélange dans un plat à gratin beurré, couvrez-le de chair de crabe, puis des œufs durs et versez le reste du mélange. Saupoudrez-le de gruyère râpé et faites cuire 25 minutes dans un four préchauffé à 190°.

Pour 4 à 6 personnes

Cuisson des pâtes

Elles doivent être cuites dans beaucop d'eau : comptez 4 l pour 500 g de pâtes. Portez l'eau à ébullition avec 1 à 2 cuillères à soupe d'huile pour éviter que les pâtes ne collent et 2 cuillères à soupe de sel. Ajoutez les pâtes et laissez bouillir jusqu'à ce qu'elles soient *al dente*, c'est-à-dire tendres, mais encore fermes. Cela prend 2-3 minutes pour des pâtes fraîches et 9-12 minutes pour des pâtes industrielles. Suivez les indications du paquet, mais testez aussi en cours de cuisson.

A GAUCHE : *macaroni aux fruits de mer*
A DROITE : *gratin de crabes*

Gougère au thon

PÂTE À CHOUX :
15 cl d'eau
50 g de beurre
65 g de farine tamisée
sel et poivre
2 œufs battus
50 g de comté râpé
GARNITURE :
1 oignon haché
15 g de beurre
1 cuillère à soupe de farine
15 cl de bouillon de volaille
15 cl de lait
2 tomates pelées et concassées
1 boîte de thon au naturel, égoutté et émietté (200 g)
1 cuillère à soupe de parmesan râpé
1 cuillère à soupe de mie de pain émiettée

Mettez l'eau et le beurre dans une casserole et portez à ébullition. Hors du feu, incorporez vivement la farine, avec un peu de sel et de poivre. Battez vigoureusement jusqu'à ce que le mélange soit homogène et se décolle des parois de la casserole. Laissez refroidir avant d'ajouter les œufs, peu à peu, et le fromage. Transférez dans un moule beurré de 20 cm de diamètre.

Pour la garniture, faites revenir l'oignon dans le beurre fondu. Ajoutez la farine et laissez cuire 1 minute. Mouillez peu à peu avec le bouillon et le lait ; faites épaissir sur feu doux, en remuant. Ajoutez les tomates, le thon, du sel et du poivre. Versez sur la pâte à choux.

Parsemez de parmesan et de mie de pain. Enfournez de 30 à 40 minutes à 200 °C, jusqu'à ce que la gougère soit gonflée et dorée.

Pour 4 personnes

Crevettes épicées

500 g de crevettes décortiquées
1 cuillère à café de coriandre moulue
1 cuillère à soupe en dôme de persil haché
1 œuf battu
40 g de chapelure
3 cuillères à soupe d'huile
2 oignons hachés
1 gousse d'ail écrasée
1/4 cuillère à café de cayenne
1/2 cuillère à café de gingembre
1/4 cuillère à café de laurier moulu
15 cl d'eau chaude
jus de 1 citron

Passez les crevettes au mixeur. Mélangez la pâte obtenue avec la coriandre, le persil, puis formez des boules de la taille d'une noix. Passez-les dans l'œuf puis dans la chapelure et laissez-les de côté.

Faites chauffer 2 cuillères à soupe d'huile dans une grande poêle et faites dorer les boulettes, en les tournant souvent. Retirez-les de la poêle et tenez-les au chaud. Faites chauffer le reste d'huile et faites dorer les oignons. Ajoutez l'ail, le piment, le gingembre, le laurier et tournez 5 minutes.

Versez l'eau, portez à ébullition et laissez frémir 8-10 minutes. Ajoutez le jus de citron.

Nappez les boulettes de sauce et accompagnez de riz et d'une salade verte.

Pour 4 à 6 personnes

Poisson à l'indienne

750 g de filets de poisson blanc
sel et poivre
jus de 1/2 citron
3 cuillères à soupe de chutney sucré
50 g de raisins secs hachés
50 g d'amandes blanchies hachées
2 œufs battus
125 g de chapelure
huile à friture
mayonnaise au curry (page 152)

Rincez et séchez le poisson. Salez-le, poivrez-le et arrosez-le de jus de citron. Étalez un peu de chutney sur chaque filet, couvrez avec le raisin et les amandes.

Roulez les filets et maintenez-les avec une pique en bois. Passez-les dans l'œuf puis dans la chapelure et faites-les dorer dans de l'huile à friture à 190°.

Égouttez-les sur du papier absorbant. Disposez-les sur un plat de service et décorez d'amandes et d'anchois. Servez avec la mayonnaise au curry.

Pour 4 personnes

Gougère au thon

Roulade de haddock

50 g de farine
4 gros œufs, blancs et jaunes séparés
2 cuillères à soupe d'eau
175 g de gruyère râpé
sel et poivre
GARNITURE :
25 g de beurre
25 g de farine
20 cl de lait
250 g de haddock cuit, émietté
1 œuf dur, écrasé à la fourchette
1 cuillère à soupe de persil haché
POUR DÉCORER :
laurier
persil

Tamisez la farine dans une jatte et incorporez les jaunes d'œufs et l'eau en fouettant jusqu'à ce que cela soit lisse. Incorporez les trois quarts du fromage, salez et poivrez. Battez les blancs en neige très ferme et incorporez-les délicatement au mélange.

Étalez-le dans un moule à gâteau de 30 × 20 cm et faites cuire 12 à 15 minutes au four (200°) ; cela doit être bien levé et doré.

Pendant ce temps, faites fondre le beurre dans une casserole, ajoutez la farine et tournez 1 minute. Incorporez le lait et laissez cuire 1 minute, sans cesser de tourner. Salez, poivrez. Ajoutez le haddock, l'œuf dur et le persil.

Saupoudrez le reste de fromage sur une grande feuille de papier paraffiné. Démoulez dessus le contenu du moule à gâteau. Étalez-y la garniture et roulez délicatement.

Servez aussitôt décoré avec du persil et du laurier.

Pour 6 personnes

Roulade de haddock

Maquereaux fumés sauce citron

4 filets de maquereaux fumés au poivre
6 cuillères à soupe d'huile d'olive
3 cuillères à soupe de jus de citron
poivre noir
POUR DÉCORER :
rondelles fines d'oignon
quartiers de citron

Coupez les filets de poisson en fines tranches et mettez-les sur un plat. Mélangez l'huile, le jus de citron, le poivre, versez sur le poisson et laissez toute une nuit au réfrigérateur.

Décorez avec les rondelles d'oignons, les quartiers de citron et accompagnez de fines tranches de pain de campagne beurrées.

Pour 4 personnes

Gratin de crabe

75 g de beurre
1 poivron vert évidé et coupé en dés
1 oignon moyen coupé en rondelles fines
50 g de farine
1 cuillère à café de moutarde
25 cl de lait
75 g de gruyère râpé
250 g de chair de crabe
350 g de tomates mûres, pelées et coupées en dés
2 cuillères à café de viandox
sel et poivre
POUR GRATINER :
150 g de gruyère râpé
sel et poivre
2 cuillères à café de chapelure
50 g de beurre

Faites fondre le beurre dans une casserole et faites revenir à feu doux l'oignon et le poivron.

Retirez du feu, ajoutez la farine, la moutarde, puis le lait. Reportez sur le feu et tournez jusqu'à ce que cela soit très épais. Ajoutez le fromage et tournez jusqu'à ce qu'il soit fondu. Incorporez le crabe, les tomates, le viandox, salez, poivrez et versez dans un plat à four.

Répartissez le gruyère râpé, poivrez puis saupoudrez de chapelure et parsemez de petits morceaux de beurre avant de faire gratiner sous le gril. Accompagnez d'une salade verte.

Pour 4 personnes

Pâtes aux anchois

10 anchois
2-3 cuillères à soupe de lait
75 g de beurre
1 gros oignon émincé
1-2 gousses d'ail émincées
15 cl de vin blanc sec
25 cl de fumet de poisson (page 146)
175 g de crevettes décortiquées
sel et poivre
2-3 cuillères à soupe de persil haché
500 g de pâtes fraîches
POUR DÉCORER :
filets d'anchois
crevettes entières

Faites tremper les anchois dans le lait 30 minutes, égouttez-les et mettez-les de côté.

Dans une casserole, faites fondre 50 g de beurre, ajoutez et faites dorer l'oignon. Ajoutez l'ail et laissez cuire 1 minute. Versez le vin, portez à ébullition et laissez réduire de moitié. Ajoutez le fumet, les anchois, les crevettes, salez, poivrez et laissez cuire 2 minutes. Retirez du feu et ajoutez le persil.

Faites cuire les pâtes al dente. Égouttez-les et mettez-les dans un plat chaud, incorporez le reste de beurre.

Faites réchauffer la sauce 1 minute, versez-la sur les pâtes et tournez. Décorez avec les anchois et les crevettes.

Pour 6 personnes

Poisson gras

Leur graisse est répartie dans toute la chair et la quantité en varie selon le type de poisson (hareng, maquereau, thon, saumon, sardine) et la période de l'année.

Le hareng par exemple se reproduit au printemps et à l'automne. C'est l'époque où il est le moins gras car il brûle ses graisses ; même si on trouve du hareng toute l'année, il sera au mieux en été. Renseignez-vous auprès de votre poissonnier pour savoir la meilleure saison selon le type de poisson.

A GAUCHE : *pâtes aux anchois*
A DROITE : *maquereaux à la japonaise ; thon à la bretonne*

Maquereaux à la japonaise

4 filets de maquereaux de 175 g chacun
sel
125 g de mooli (radis blanc) râpé fin
2 cuillères à soupe de sauce soja
quartiers de citron pour décorer (facultatif)

Coupez les filets de maquereaux en deux et salez-les légèrement. Laissez-les 5 minutes, puis rincez-les sous l'eau froide, essuyez-les avec du papier absorbant et salez-les à nouveau légèrement des deux côtés.

Faites une incision en croix sur la peau de chaque filet.

Faites dorer sous le gril 5 minutes de chaque côté. Répartissez-les dans 4 assiettes, la peau apparente.

Répartissez le mooli dans les assiettes, arrosez-le de sauce soja et décorez avec le citron.

Pour 4 personnes

Thon à la bretonne

140 g de beurre
2 gros oignons coupés fin
1,5 kg de thon
sel et poivre
2-3 gousses d'ail hachées
4 tomates coupées en quartiers
50 cl de vin blanc sec
1 branche de thym
1 branche de persil
1 feuille de laurier
1 petit chou-fleur
500 g de petites pommes de terre
POUR DÉCORER :
2 cuillères à soupe de persil haché

Faites chauffer le beurre dans une grande cocotte et faites revenir l'oignon à feu doux 5 minutes. Ajoutez le thon, salez, poivrez et laissez-le dorer en le tournant de temps en temps.

Ajoutez l'ail, les tomates, le vin, portez à ébullition, ajoutez les herbes, couvrez et laissez frémir 1 heure à feu doux.

Sortez le poisson de la cocotte et tenez-le au chaud. Séparez le chou-fleur en bouquets, mettez-les dans la cocotte avec les pommes de terre et laissez-les cuire à petits bouillons 20-30 minutes.

Coupez le poisson en morceaux, retirez la peau et les arêtes. Disposez sur un plat de service, nappez de sauce et des légumes et décorez avec le persil et la ciboulette.

Pour 6 personnes

Pâtes aux fruits de mer

1 sole
30 cl de vin blanc sec
1 oignon coupé en deux
1/2 cuillère à café d'herbes de Provence
50 g de beurre
1 gousse d'ail écrasée
2 échalotes hachées
6 grosses coquilles Saint-Jacques
4 grosses tomates pelées, épépinées et hachées
1 cuillère à café de basilic haché
2 cuillères à soupe de persil haché
15 cl de crème fraîche
sel et poivre
500 g de pâtes fraîches
250 g de crevettes décortiquées
crevettes entières

Levez les 4 filets de la sole, mettez la peau et les arêtes dans une casserole avec le vin, l'oignon et les herbes, laissez frémir 20 minutes. Laissez refroidir, puis passez.

Faites fondre la moitié du beurre dans une casserole et revenir 5 minutes l'ail et l'échalote. Coupez les filets de sole en morceaux, mettez-les dans la casserole avec le liquide précédent, portez à ébullition et laissez frémir 2 minutes. Retirez le poisson et mettez-le de côté. Faites cuire dans la casserole les blancs de Saint-Jacques 30 secondes, ajoutez les coraux et comptez encore 30 secondes ; retirez-les.

Faites réduire le liquide à la valeur de 2 cuillères à soupe. Ajoutez les tomates, le basilic et laissez cuire 10 minutes. Incorporez le persil, la crème, salez et poivrez.

Faites cuire les pâtes *al dente.* Égouttez-les et mettez-les dans un plat de service chaud. Ajoutez le reste de beurre et tournez bien. Mettez les crevettes et le poisson dans la sauce, portez à ébullition puis versez sur les pâtes. Décorez avec les crevettes.

Pour 4 personnes

Cabillaud en chausson

4 tranches de cabillaud
sel et poivre
1 cuillère à soupe d'huile de tournesol
quartiers de citron pour décorer
PÂTE :
125 g de farine
1 pincée de sel
1 œuf
30 cl de lait

Salez et poivrez le cabillaud.

Tamisez dans une jatte la farine et le sel. Faites un puits au centre et cassez-y l'œuf. Ajoutez la moitié du lait et fouettez pour obtenir une pâte homogène. Incorporez peu à peu le reste de lait et fouettez jusqu'à ce que des bulles se forment à la surface.

Faites chauffer l'huile dans un plat à four, versez la moitié de la pâte et faites cuire 5 minutes à 220°. Posez dessus les tranches de poisson, versez dessus le reste de pâte et laissez encore cuire 45-50 minutes ; la pâte doit être bien levée et dorée.

Décorez avec les quartiers de citron et servez aussitôt avec des brocolis.

Pour 4 personnes

Croquettes de poisson

250 g de haddock
500 g de pommes de terre cuites en purée
1 ciboule hachée
sel et poivre
25 g de beurre
2 œufs battus
50 g de farine complète
125 g de chapelure
2 cuillères à soupe d'huile

Mettez le haddock sur une assiette posée sur une casserole d'eau bouillante, couvrez et laissez cuire 15 minutes, puis émiettez-le.

Mélangez-le avec la purée, la ciboule, salez, poivrez. Ajoutez le beurre et un peu d'œuf pour lier. Salez et poivrez la farine. Séparez le mélange précédent en 8 croquettes, passez-les dans la farine, dans l'œuf et dans la chapelure. Faites dorer les croquettes 3 minutes de chaque côté dans l'huile chaude. Servez chaud.

Pour 8 personnes

Goulash de poisson

3 cuillères à soupe d'huile d'olive
2 oignons coupés en rondelles fines
2 poivrons rouges évidés et coupés en tranches fines
2 poivrons verts évidés et coupés en tranches fines
6 tomates pelées, épépinées et coupées fin
1 cuillère à soupe de concentré de tomate
1-2 cuillères à café de paprika
sel et poivre
1 kg de cabillaud en filet et la peau retirée
4 cuillères à soupe de yaourt nature

Faite chauffer l'huile dans une grande cocotte et faites revenir doucement l'oignon 5 minutes. Ajoutez les poivrons et laissez revenir 5 minutes, en tournant de temps en temps.

Ajoutez les tomates, le concentré de tomates, 1 cuillère à café de paprika, salez, poivrez et laissez cuire, sans couvrir, à feu doux 30 minutes en tournant de temps en temps.

Coupez le poisson en gros morceaux, mettez-les dans la cocotte et laissez cuire 20 minutes.

Si vous trouvez le goût du paprika trop léger, ajoutez-en 1 cuillère à café 10 minutes avant la fin de la cuisson. Incorporez le yaourt juste au moment de servir.

Accompagnez de riz nature et d'une salade verte.

Pour 6 personnes

Paupiettes de plie

8 filets de plie
8 tranches fines de lard demi-sel, découennées
poivre noir
le jus de 1 citron
branches de marjolaine pour décorer

Posez un filet de plie sur chaque tranche de lard, poivrez et arrosez de jus de citron.

Roulez le lard sur lui-même pour obtenir des paupiettes et faites cuire 20-30 minutes à 190°.

Décorez avec la marjolaine et accompagnez de pommes de terre cuites au four et d'une salade d'endives.

Pour 4 personnes

A GAUCHE : *pâtes aux fruits de mer*
A DROITE : *goulash de poisson ; paupiettes de plie*

POUR RECEVOIR

Recevoir peut – et devrait être – un amusement, non une corvée.

Le secret de la réussite tient à la façon dont on sait s'organiser. Pour mettre tous les atouts dans son jeu, la maîtresse de maison se préparera longtemps à l'avance, avec le souci constant de réunir tous les éléments du succès. Elle apportera autant de soin au placement des invités qu'au choix des mets, des vins et de la décoration de la table.

Il convient tout d'abord de réunir des convives ayant à peu près les mêmes affinités. C'est essentiel pour créer une ambiance harmonieuse.

Ensuite, l'hôtesse composera son menu en fonction des produits de la saison car ils sont moins onéreux et de meilleure qualité.

A moins d'être vraiment ambitieuse et capable de réussir les plus périlleux exploits culinaires, elle devra s'en tenir à un seul mets recherché, et rester simple pour les autres plats.

Ne négligez pas l'aspect visuel de votre menu : sachez combiner les couleurs, les formes, les textures et, bien sûr, les saveurs variées. La décoration de la table devra rehausser l'attrait des mets qui seront servis. Verres et couverts devront être étincelants et les fleurs bien fraîches.

En vous organisant avec soin et suffisamment à l'avance, vous pourrez vous détendre et savourer le repas autant que vos invités.

Rougets à la vénitienne

5 cuillères à soupe d'huile d'olive
1 gros oignon haché
30 cl de vin blanc
1 1/2 cuillère à soupe de vinaigre de vin
feuilles de menthe
2 gousses d'ail écrasées
4 rougets vidés
sel et poivre
farine

Faites chauffer 2 cuillères à soupe d'huile dans une casserole et faites revenir doucement l'oignon jusqu'à ce qu'il soit transparent. Ajoutez le vin, le vinaigre et laissez bouillir vivement 10 minutes ; le tout doit réduire de moitié.

Pendant ce temps mettez 1 ou 2 feuilles de menthe et un peu d'ail à l'intérieur des poissons. Salez et poivrez la farine, puis passez-y les poissons. Faites chauffer le reste d'huile dans une poêle et faites revenir doucement les poissons jusqu'à ce qu'ils soient dorés et croustillants, environ 6 minutes de chaque côté. Égouttez-les et disposez-les dans un plat de service creux. Versez dessus la sauce chaude et laissez refroidir en arrosant de temps en temps.

Pour 4 personnes

Poisson en mayonnaise

630 g de poisson blanc
sel et poivre
1 citron
3-4 cuillères à soupe d'huile d'olive
250 g de macédoine de légumes
50 g de crevettes décortiquées
20 cl de mayonnaise
POUR DÉCORER :
2 œufs durs, en rondelles
olives farcies, en rondelles
câpres (facultatif)

Mettez le poisson dans une casserole, couvrez-le d'eau froide, ajoutez 1 cuillère à café de sel et 2 rondelles de citron. Portez à ébullition et laissez frémir 5 minutes. Le poisson doit être cuit. Égouttez-le, ôtez la peau et coupez-le fin. Tant qu'il est encore chaud, parfumez-le d'huile d'olive, de jus de citron, salez, poivrez, puis couvrez-le. Laissez refroidir ainsi.

Faites cuire la macédoine, puis égouttez-la et laissez-la refroidir. Disposez-la sur un plat de service, posez dessus le poisson et la moitié des crevettes, puis nappez le tout avec la mayonnaise. Décorez avec le reste de crevettes, les rondelles d'œufs, les olives et les câpres.

Pour 4 personnes

EN HAUT : *Rougets à la vénitienne*
EN-DESSOUS : *Poisson en mayonnaise*

Thon blanc à la provençale

2 tranches de thon
1 cuillère à soupe d'huile
1 oignon émincé
750 g de tomates coupées épais
250 g de haricots verts
125 g d'olives vertes dénoyautées
2 cuillères à soupe de câpres
2 cuillères à café d'origan haché
MARINADE :
15 cl de vin blanc sec
4 cuillères à soupe de jus de citron
1 petit oignon émincé
1 feuille de thym
2 branches de persil
2 branches de romarin
2 gousses d'ail pilées
sel et poivre

Coupez les tranches de thon en deux et posez-les dans un plat creux. Versez dessus les ingrédients de la marinade et laissez plusieurs heures au réfrigérateur.

Retirez le poisson. Faites chauffer l'huile dans une poêle, ajoutez et faites revenir le poisson 5 minutes. Mettez-le dans une cocotte.

Faites revenir dans la poêle en tournant l'oignon, les tomates, les haricots coupés en deux, les olives dénoyautées, les câpres, l'origan, la marinade. Versez dans la cocotte, salez, poivrez.

Faites cuire 35 à 40 minutes au four (180°). Retirez le laurier et décorez d'herbes avant de servir.

Pour 4 personnes

Truites au four

50 g de beurre
4 truites lavées
1 citron coupé en rondelles
5 cuillères à soupe de vin blanc sec
1 cuillère à café d'estragon sec
sel et poivre
persil pour décorer

Disposez du papier aluminium dans un plat à four, en le laissant suffisamment dépasser pour pouvoir le refermer. Étalez du beurre dessus et disposez-y les truites et les rondelles de citron.

Mélangez le vin, l'estragon, salez, poivrez et versez sur le poisson.

Repliez le papier aluminium en fermant bien les bords. Faites cuire 30 minutes au four (180°).

Disposez les truites sur un plat de service chaud, versez dessus la sauce et décorez avec du persil.

Pour 4 personnes

Maquereaux au vin blanc

30 cl de vin blanc sec
15 cl d'eau
1 oignon émincé
1 branche de fenouil
1 lanière de zeste de citron
6-7 grains de poivre
2 feuilles de laurier
sel
2 gros maquereaux, les arêtes retirées
2 cuillères à soupe de persil
feuilles de fenouil pour décorer

Mettez dans une casserole le vin, l'eau, l'oignon, le fenouil, le zeste de citron, le poivre, le laurier et une pincée de sel. Portez à ébullition et laissez frémir 10 minutes. Passez le liquide.

Plongez-y les maquereaux 10 à 15 minutes. Laissez refroidir et disposez les maquereaux avec leur jus sur un plat de service.

Saupoudrez de persil. Mettez à glacer au réfrigérateur avant de servir. Décorez avec du fenouil.

Pour 4 personnes

A GAUCHE : *rougets à la vénitienne ; poisson en mayonnaise*
CI-DESSUS : *thon blanc à la provençale*

Goujonettes de sole

2 soles en filets
50 g de noisettes moulues
125 g de chapelure
25 g de farine
sel et poivre
1-2 œufs battus
huile à friture
POUR DÉCORER :
cresson
quartiers d'orange

Émincez les filets en lanières. Mélangez les noisettes et la chapelure dans une jatte.

Salez, poivrez la farine et passez-y les lanières de sole. Passez-les dans l'œuf, puis dans le mélange précédent. Laissez 30 minutes au réfrigérateur.

Plongez-les au fur et à mesure dans de l'huile à friture chaude 2 minutes, égouttez-les sur du papier absorbant.

Décorez avec le cresson et les quartiers d'orange, servez avec une sauce tartare (page 149).

Pour 2 à 4 personnes

Goujonettes de sole

Crêpes au crabe

PÂTE :
125 g de farine complète
1/2 cuillère à café de sel
1 œuf battu
30 cl de lait
125 g d'épinards cuits
huile à friture
GARNITURE :
25 g de beurre
2 échalottes hachées
1 gousse d'ail hachée
125 g de champignons de Paris émincés
25 g de farine
30 cl de lait
350 g de chair de crabe
4 cuillères à soupe de crème fraîche
4 cuillères à soupe de cognac
1 cuillère à soupe de comté râpé
1 cuillère à soupe de cerfeuil haché
sel et poivre
POUR TERMINER :
25 g de beurre fondu
1 cuillère à soupe de parmesan râpé

Pour la pâte, mettez la farine et le sel dans une jatte, ajoutez et battez l'œuf et la moitié du lait. Incorporez peu à peu le reste de lait et ajoutez les épinards.

Faites chauffer un peu d'huile dans une poêle de 15-18 cm de diamètre, versez 1 1/2 cuillère à soupe de pâte. Quand la pâte est prise et les bords dorés, retournez la crêpe et faites cuire de l'autre côté. Disposez les crêpes sur une assiette au fur et à mesure, en les séparant avec du papier sulfurisé.

Pour la garniture, faites fondre le beurre dans une casserole et faites revenir les échalotes, l'ail et les champignons. Ajoutez la farine et tournez 1 minute.

Retirez du feu, ajoutez le reste des ingrédients, salez et poivrez.

Répartissez la garniture sur les crêpes et roulez-les. Posez-les dans un plat à four, badigeonnez-les de beurre fondu et saupoudrez de parmesan. Faites cuire 15 minutes au four (200°).

Pour 4 personnes

Rougets à la niçoise

15 cl d'huile d'olive
1 oignon haché
1 gousse d'ail hachée
25 g de persil haché
250 g de tomates pelées, épépinées et hachées
1 cuillère à café de concentré de tomates
1 bouquet garni
sel et poivre
4 rougets de 275 g chacun
16 olives noires dénoyautées
4-5 cuillères à soupe de vin blanc sec

Faites chauffer 6 cuillères à soupe d'huile et revenir à feu doux les oignons 5 à 10 minutes. Ajoutez l'ail, le persil, les tomates, le concentré de tomates, le bouquet garni, salez, poivrez et laissez mijoter 15 minutes.

Faites revenir les rougets dans une poêle avec le reste d'huile 3-4 minutes de chaque côté.

Ajoutez les olives et le vin à la sauce avant d'en napper les poissons. Couvrez et laissez encore cuire 10 minutes.

Transférez le tout sur un plat de service chaud et accompagnez de pommes de terre nouvelles et de courgettes.

Pour 4 personnes

Carpe à l'aigre-doux

1 carpe de 2 kg nettoyée et écaillée
30 cl d'huile d'olive
2 oignons hachés
4 échalotes hachées
2 cuillères à soupe de farine
1 cuillère à soupe de sucre
1 cuillère à soupe de vinaigre
sel et poivre
1 bouquet garni
50 g de raisins secs
75 g d'amandes effilées
1,5 l de fumet de poisson (page 146)

Mettez le poisson dans une poissonnière.

Faites chauffer l'huile dans une grande poêle et faites fondre les oignons et les échalotes. Incorporez la farine, le sucre, le vinaigre, le sel, le poivre, le bouquet garni, les raisins, les amandes et le fumet de poisson. Portez à ébullition, puis versez sur le poisson : le liquide doit juste le couvrir (si ce n'est pas le cas, rajoutez un peu d'eau bouillante). Laissez frémir doucement 10 minutes.

Transférez le poisson sur un plat chaud et tenez-le au chaud. Pendant ce temps, faites réduire la sauce de moitié et rectifiez l'assaisonnement avant de servir.

Pour 6 personnes

Rougets à la niçoise

Tourte de sole Véronique

750 g de filets de sole
60 cl de lait
65 g de beurre
175 g de raisin blanc pelé et épépiné
50 g de farine
sel et poivre
15 cl de crème fraîche
250 g de pâte feuilletée
1 œuf battu

Faites pocher les filets de sole dans le lait 5 minutes, puis égouttez-les et réservez le liquide. Beurrez un plat à tourte, disposez sur le fond les filets de sole et répartissez dessus le raisin.

Faites fondre le reste de beurre, puis hors du feu ajoutez la farine. Sur le feu incorporez peu à peu le liquide réservé et portez à ébullition sans cesser de tourner. Salez, poivrez et incorporez la crème, puis versez dans le moule.

Étalez la pâte et couvrez-en le moule. Badigeonnez avec l'œuf et faites cuire 20 minutes à 220°.

Pour 4 personnes

Truites farcies

6 truites nettoyées
50 g de beurre
sel et poivre
30 cl de vin blanc sec
persil pour décorer
FARCE :
125 g de tomates pelées, épépinées et coupées fin
125 g de riz long cuit
1 poivron vert coupé fin
40 g de beurre fondu
sel et poivre
1 pincée de thym
1 pincée de noix de muscade râpée

Préparez d'abord la farce : mélangez les tomates et le riz, ajoutez le poivron, le beurre, le sel, le poivre, le thym et la muscade.

Garnissez les truites avec ce mélange. Beurrez un plat à four, disposez-y les poissons, salez, poivrez, versez le vin et répartissez de petits morceaux de beurre. Couvrez et laissez 25 à 30 minutes à 180°.

Transférez sur un plat de service chaud et décorez avec le persil.

Pour 6 personnes

Crevettes aux amandes

75 g d'amandes blanchies
350 g de crevettes décortiquées
2 cuillères à café de maïzena
1 cuillère à café en dôme de gingembre frais râpé
1 petite gousse d'ail écrasée
2 cuillères à soupe d'huile
1 branche de céleri hachée
2 cuillères à café de sauce soja
2 cuillères à café de vin blanc sec
2 cuillères à soupe d'eau
poivre
cives pour décorer

Badigeonnez d'huile une poêle et faites dorer les amandes en les tournant (veillez à ce qu'elles ne brûlent pas). Égouttez-les sur du papier absorbant.

Mettez les crevettes dans une jatte et mélangez-les avec la maïzena, le gingembre et l'ail.

Faites chauffer l'huile dans la poêle, ajoutez les crevettes et faites-les revenir à feu vif 2-3 minutes en tournant. Ajoutez la sauce soja, le vin, l'eau, poivrez et portez à ébullition. Ajoutez les amandes et laissez chauffer 30 secondes, tout en tournant.

Décorez avec les cives et servez chaud avec des légumes frits mélangés.

Pour 4 personnes

Raie au beurre noir

1-2 ailes de raie (1 kg)
court-bouillon (page 147)
1 cuillère à soupe de persil haché
BEURRE NOIR :
50 g de beurre
2 cuillères à soupe de jus de citron
1 cuillère à soupe de câpres
sel et poivre

Dans une poêle profonde faites pocher la raie dans le court-bouillon 15-20 minutes. Retirez-la de la poêle, égouttez-la bien et tenez-la au chaud.

Faites fondre le beurre dans une casserole et laissez-le brunir. Ajoutez le jus de citron, les câpres, salez et poivrez.

Versez sur la raie et décorez avec le persil.

Pour 4 personnes

Truites farcies ; raie au beurre noir

Bar farci

Bar farci

1 bar (750 g) préparé
250 g d'épinards
15 g de beurre fondu
2 échalotes hachées
15 cl de vin blanc sec
FARCE :
50 g de chapelure
15 g de beurre fondu
2 cuillères à soupe de cerfeuil haché
2 cuillères à soupe d'estragon et basilic hachés
sel et poivre
POUR DÉCORER :
2 rondelles d'orange

Mélangez les ingrédients de la farce et garnissez-en l'intérieur du poisson.

Mettez les épinards dans une passoire, posée dans une jatte, arrosez-les d'eau bouillante, puis égouttez-les bien.

Enveloppez le poisson dans les feuilles d'épinard, en laissant la tête et la queue apparentes.

Versez le beurre fondu sur le fond d'un plat à four, répartissez les échalotes, posez dessus le poisson et versez le vin. Couvrez de papier aluminium et faites cuire 30 minutes au four (200°).

Disposez sur un plat de service, décorez avec les morceaux d'orange et servez avec une sauce.

Pour 2 personnes

Lotte à la portugaise

750 g de lotte
500 g de tomates pelées, épépinées et hachées
2 oignons hachés
1 poivron rouge évidé et haché
2 cuillères à soupe d'huile d'olive
1 pincée de cayenne
1 cuillère à café de sel

Retirez l'arête de la lotte et coupez-la en 4 morceaux, puis disposez-les dans un plat à four beurré.

Couvrez-les avec les tomates, les oignons, le poivron. Ajoutez l'huile, le piment et salez.

Couvrez et laissez cuire 20 minutes à 190°. Retirez le couvercle et laissez cuire encore 5 minutes.

Pour 4 personnes

Poisson à l'aigre-doux

1/4 cuillère à café de gingembre en poudre
2 cuillères à café de maïzena
500 g de filets d'églefin en morceaux
1 cuillère à soupe d'huile
SAUCE :
250 g de tomates pelées et hachées
1 cuillère à soupe de sauce soja
1 cuillère à soupe de concentré de tomates
2 cuillères à café de maïzena
5 cuillères à soupe d'eau
2 cuillères à soupe de vin blanc sec
1 cuillère à café de cassonade

Mélangez le gingembre et la maïzena et parsemez-en le poisson. Faites chauffer l'huile dans une poêle et faites revenir le poisson 2-3 minutes, en tournant. Retirez-le et tenez-le au chaud.

Baissez le feu sous la poêle et mettez les tomates et la sauce soja. Mélangez le reste des ingrédients de la sauce dans une jatte, versez dans la poêle et tournez jusqu'à ce que la sauce soit épaisse. Répartissez le poisson dans les assiettes et nappez-le de sauce.

Décorez avec la frisée et servez aussitôt accompagné de légumes mélangés frits et de riz.

Pour 4 personnes

Couscous au poisson

4 cuillères à soupe d'huile d'olive
2 oignons coupés
1 gousse d'ail hachée
8 grains de poivre écrasés
1/2 cuillère à café de cumin
1,5 l d'eau
3 tomates pelées et hachées
2 carottes coupées gros
2 navets coupés gros
2 feuilles de laurier
2 brins de coriandre
2 branches de persil
4 pommes de terre en rondelles épaisses
1,5 kg de lotte coupée en tranches épaisses
brins de coriandre pour décorer
harissa (page 153)
COUSCOUS :
500 g de couscous
2 cuillères à soupe d'huile d'olive

Faites chauffer l'huile dans le couscoussier et faites revenir doucement 1-2 minutes les oignons, l'ail, le poivre et le cumin. Ajoutez l'eau, les tomates, les carottes, les navets, les herbes, portez à ébullition et laissez frémir 20 minutes.

Pendant ce temps, mettez le couscous dans une grande jatte, couvrez-le d'eau froide et égouttez-le immédiatement. Tournez-le rapidement avec une fourchette et laissez reposer 15 minutes pour que cela gonfle.

Ajoutez les pommes de terre et le poisson au mélange précédent et laissez à nouveau frémir.

Posez le couscous dans une mousseline disposée dans le haut du couscoussier et posez-le au-dessus des légumes. Laissez cuire ainsi 30 minutes.

Retirez le couscous et mélangez-le avec l'huile d'olive.

Pour servir, disposez le couscous sur un plat de service chaud et servez le poisson et les légumes à part. Décorez avec la coriandre et accompagnez de harissa.

Pour 6 personnes

Couscous

On appelle ainsi à la fois la semoule roulée et le plat lui-même. Pour ce plat typique de l'Afrique du Nord, on fait cuire la semoule à la vapeur et on l'accompagne de légumes et de viande, ou de poisson. Pour la cuisson, utilisez un couscoussier, composé d'un grand faitout en aluminium pour contenir le liquide, surmonté d'un faitout plus petit, perforé, dans lequel cuira la semoule.

Couscous au poisson ; poisson à l'aigre-doux

Filets de plie farcis

4 filets de plie
sel et poivre
FARCE :
1 poivron vert haché
50 g de chapelure
le zeste râpé et le jus de 1 orange
POUR DÉCORER :
rondelles de poivron vert
tranches d'orange

Retirez la peau des filets, salez, poivrez et posez-les sur une surface plate. Mélangez le poivron, la chapelure, et la moitié du zeste d'orange. Salez, poivrez et liez le tout avec un peu de jus d'orange. Répartissez cette farce sur les filets, roulez-les et fermez-les avec des petites piques.

Mettez-les dans un plat creux allant au four, et saupoudrez le reste de zeste ; salez et poivrez. Versez le reste de jus d'orange et faites cuire 30 minutes dans un four préchauffé à 180° ; le poisson doit être tendre. Otez les piques. Décorez avec des rondelles de poivron et des tranches d'orange.

Pour 4 personnes

Bouillabaisse

1 l de vin blanc et d'eau mélangés
2 bulbes de fenouil coupés en quatre
2 feuilles de laurier
2 poireaux émincés
zeste de 1/2 orange
thym
3 oignons hachés
1/4 cuillère à café de safran
4 cuillères à soupe d'huile d'olive
1 poivron rouge
sel et poivre
1,750 kg de poissons assortis, coupés en morceaux de 5 cm
1 pincée de cayenne
15 cl de mayonnaise (page 152)
1 petit crabe cuit

Mettez tous les ingrédients dans un faitout sauf le poisson, le cayenne, la mayonnaise et le crabe. Portez à ébullition et laissez bouillir 5 minutes.

Retirez le poivron et ajoutez le poisson. Laissez bouillir à feu vif 12-14 minutes. Retirez le laurier, le zeste d'orange et le thym.

Pendant ce temps, pilez le poivron avec le cayenne et 1 pincée de sel, puis incorporez-le à la mayonnaise.

Servez la bouillabaisse dans des assiettes à soupe, répartissez dedans le crabe cuit et garnissez avec la mayonnaise.

Pour 10 personnes

Note : pour le poisson choisissez un assortiment de cabillaud, mulet, loup, colin, congre, rascasse.

Églefin au cidre

750 g de filets d'églefin, la peau ôtée, et coupés en morceaux
2 pommes évidées et coupées en tranches
2 branches de céleri coupées fin
1 pincée de sauge
sel et poivre
30 cl de cidre brut
15 g de beurre
15 g de farine

Disposez les filets dans une cocotte beurrée et couvrez-les avec les pommes et le céleri. Saupoudrez-les de sauge, salez, poivrez et versez le cidre.

Couvrez et faites cuire 25 à 35 minutes dans un four préchauffé à 180° ; le poisson doit être tendre.

Disposez le poisson et les pommes sur un plat de service chaud et tenez-les au chaud.

Mélangez la farine et le beurre jusqu'à ce que vous obteniez un pâte épaisse. Ajoutez un peu du jus de cuisson, puis diluez le tout dans le reste du liquide contenu dans la cocotte. Portez à ébullition et laissez épaissir tout en remuant. Nappez le poisson.

Pour 4 personnes

Turbot à la créole

1 oignon haché
1 poivron vert coupé fin
1 boîte de tomates (environ 400 g)
1 pincée de basilic
1 pincée d'origan
1 pincée de sucre
sel et poivre
250 g de turbot (ou d'un autre poisson blanc) coupé en cubes
250 g de crevettes décortiquées
1 cuillère à café de maïzena
2 cuillères à soupe de vin blanc sec
POUR DÉCORER :
persil haché

Mettez dans une casserole l'oignon, le poivron, les tomates et leur jus, le basilic, l'origan et le sucre. Salez et poivrez. Portez à ébullition, couvrez et laissez mijoter 15 minutes.

Ajoutez le turbot et les crevettes, puis laissez mijoter encore 10 à 15 minutes. Faites dissoudre la maïzena dans le vin blanc, puis ajoutez-les à la sauce. Laissez la sauce épaissir, et laissez-la cuire 2 minutes.

Disposez le tout dans un plat de service chaud et décorez avec les crevettes entières et le persil haché.

Pour 4 personnes

Haddock aux petits légumes

1 oignon coupé fin
1 branche de céleri coupée fin
1 carotte râpée
2 cuillères à soupe de petits pois
sel et poivre
500 g de haddock
15 g de beurre
6 cuillères à soupe de jus de tomates
branches de persil pour décorer

Disposez l'oignon, le céleri, la carotte et les petits pois dans un plat creux allant au four. Salez et poivrez.

Coupez le haddock en quatre morceaux que vous disposerez sur les légumes. Parsemez-les de petits morceaux de beurre et versez dessus le jus de tomates. Couvrez avec du papier aluminium et faites cuire environ 30 minutes dans un four préchauffé à 180°. Décorez avec du persil.

Pour 4 personnes

A GAUCHE : *bouillabaisse*
A DROITE : *turbot à la créole ; haddock aux petits légumes*

Spaghetti marinières

1 kg de moules fraîches
4 cuillères à soupe d'huile d'olive
75 g de beurre
2-3 gousses d'ail écrasées
1 gros oignon haché
750 g de tomates pelées, épépinées et hachées
15 cl de vin blanc sec
1 cuillère à café d'herbes de Provence
sel et poivre
500 g de spaghetti frais
persil haché pour décorer

Mettez les moules dans une grande casserole, couvrez-les d'eau, portez à ébullition et laissez 5-6 minutes pour qu'elles s'ouvrent. Mettez de côté 4 cuillères à soupe du jus de cuisson.

Égouttez les moules et jetez celles qui sont restées fermées.

Faites chauffer l'huile et 25 g de beurre dans une casserole, faites-y revenir 5 minutes l'ail et l'oignon. Ajoutez les tomates, le vin, les herbes, le liquide de cuisson, salez, poivrez, portez à ébullition et laissez réduire 30 minutes.

Faites cuire les spaghetti al dente. Égouttez-les bien et tournez-les avec le reste de beurre dans un plat de service chaud.

Ajoutez les moules à la sauce, versez le tout sur les pâtes et saupoudrez de persil.

Pour 4 à 6 personnes

Marmite du pêcheur

12 moules nettoyées
sel et poivre
500 g de lotte
2 calmars nettoyés
2 cuillères à soupe d'huile
2 oignons hachés
2 carottes émincées
6 branches de céleri hachées
2 gousses d'ail écrasées
1 boîte (400 g) de tomates
2 cuillères à café de sucre
4 cuillères à soupe de jus de citron vert
2 cuillères à soupe de coriandre hachée
1 bouquet garni
15 cl de vin blanc sec
quelques gouttes de sauce tabasco
4 coquilles Saint-Jacques émincées
3 petits rougets préparés
coriandre hachée

Plongez les moules dans une casserole d'eau bouillante salée 7 minutes ; éliminez celles qui ne sont pas ouvertes.

Coupez la lotte en morceaux de 2 cm et les calmars en lanières ; coupez les tentacules en petits morceaux.

Faites chauffer l'huile dans une cocotte, ajoutez les oignons, les carottes, le céleri, l'ail, et faites revenir 4 minutes. Ajoutez le reste des ingrédients, sauf le poisson, et portez à ébullition. Ajoutez le poisson, sauf les moules, couvrez et laissez frémir 15 minutes. Retirez le bouquet garni.

Incorporez les moules, puis disposez sur un plat de service chaud, décorez avec la coriandre.

Pour 6 personnes

Moules et calamars

Les moules doivent être grattées et ébarbées avant la cuisson. Jetez celles qui ne se sont pas ouvertes pendant la cuisson.

Pour préparer les calamars, retirez l'os et jetez-le. Séparez le corps et les tentacules : la tête et la poche à encre viendront ensemble. Pour retirer la peau du corps, fendez-la, glissez vos doigts dessous et pelez-la doucement.

A GAUCHE : *marmite du pêcheur*
A DROITE : *beignets de gambas ; fruits de mer*

Beignets de gambas

125 g de farine
1 pincée de sel
1 cuillère à soupe d'huile
15 cl de bière
2 blancs d'œufs
1 cuillère à soupe de persil haché
16 gambas décortiquées
huile à friture
SAUCE :
8 cuillères à soupe de mayonnaise (page 152)
2 gousses d'ail écrasées
2 cuillères à soupe de thym égrené
1 cuillère à café de zeste de citron râpé fin
1/2 cuillère à café de tabasco

Tamisez la farine et le sel dans une jatte, puis incorporez peu à peu l'huile et la bière. Battez les blancs d'œufs en neige très ferme et incorporez-les à la pâte ainsi que le persil. Passez les gambas dans la pâte.

Faites chauffer l'huile dans un wok ou dans une friteuse à 190° et plongez-y les crevettes 2-3 minutes par fournées ; elles doivent être dorées et croustillantes. Égouttez-les sur du papier absorbant et tenez-les au chaud pendant que vous préparez les suivantes.

Mélangez tous les ingrédients de la sauce en mettant de côté un peu de zeste de citron pour décorer la sauce. Servez les crevettes chaudes avec la sauce.

Pour 4 personnes

Fruits de mer

1 tête et des arêtes de poisson
30 cl de vin blanc sec
1 bouquet garni
3 échalotes hachées
25 g de beurre
4 filets de sole
250 g de filets d'églefin
8 coquilles Saint-Jacques
350 g de tomates pelées, épépinées et hachées
1 gousse d'ail écrasée
1 cuillère à soupe de thym égrené
250 g de crevettes décortiquées
15 cl de crème fraîche
sel et poivre

Mettez dans un wok la tête et les arêtes de poisson, le vin, le bouquet garni et l'échalote, portez à ébullition, couvrez et laissez frémir 15 minutes. Laissez refroidir, puis passez.

Faites fondre le beurre dans le wok et faites revenir 2-3 minutes le reste des échalotes, ajoutez le bouillon, le poisson coupé en morceaux et les coquilles Saint-Jacques émincées. Laissez cuire 1 minute, puis retirez avec une écumoire.

Faites réduire le liquide de un tiers, ajoutez les tomates, l'ail, baissez le feu et laissez mijoter 5-7 minutes, ajoutez le thym et laissez encore 2 minutes.

Remettez le poisson dans le wok, ajoutez les crevettes et la crème. Salez, poivrez et laissez chauffer doucement.

Pour 4 personnes

Truite saumonnée

1 truite saumonnée de 1 kg, nettoyée et vidée
1 feuille de laurier
1 citron en rondelles
1 cuillère à café de sel
12 grains de poivre
30 cl de vin blanc sec
POUR DÉCORER :
25 g de gelée en poudre
2 citrons en rondelles
2 citrons verts en rondelles
1 petite botte d'aneth
1 petite botte de cresson

Disposez une feuille de papier aluminium dans un grand plat à four, badigeonnez-la d'huile. Posez la truite en l'incurvant légèrement. Posez dessus le laurier, les rondelles de citron, saupoudrez de sel et de poivre. Versez le vin. Repliez le papier autour du poisson et fermez bien.

Faites cuire 30 minutes au four (150°), puis laissez refroidir dans le plat.

Préparez 30 cl d'aspic selon les indications du paquet et couvrez le poisson d'une fine couche. Coupez les rondelles de citron en quatre et disposez-les au centre du poisson avec l'aneth. Badigeonnez-les d'un peu d'aspic.

Laissez prendre plusieurs heures au réfrigérateur. Décorez avec le cresson au moment de servir.

Pour 4 personnes

Loup à la provençale

1 loup de 1,5 kg
1 verre d'huile d'olive
1 verre de vin blanc sec
2 branches de fenouil hachées
2 gousses d'ail hachées
1 oignon émincé
500 g de pommes de terre émincées
175 g de champignons émincés
sel et poivre
50 cl d'eau
aïoli (page 149)

Mettez le poisson dans un grand plat à four et versez dessus l'huile, le vin, le fenouil et l'ail. Répartissez autour du poisson les oignons, les tomates et les champignons, salez, poivrez, versez l'eau et faites cuire 1 heure à 200°. Servez avec l'aïoli.

Pour 4 à 6 personnes

Cocotte de lotte

40 g de beurre
1 oignon émincé
1 branche de céleri émincée
1 grosse carotte émincée
1-2 gousses d'ail écrasées
500 g de lotte
350 g de coquilles Saint-Jacques
1 boîte (425 g) de tomates
1 cuillère à soupe de concentré de tomates
4 gouttes de tabasco
1 cuillère à soupe de jus de citron
15 cl de vin blanc sec
sel et poivre
1 bonne pincée de coriandre moulue
1 feuille de laurier
1 cuillère à soupe de maïzena
feuilles de laurier pour décorer

Faites fondre le beurre dans une cocotte et faites revenir l'oignon, le céleri, la carotte et l'ail, en tournant de temps en temps.

Coupez la lotte en cubes de 2 cm et les coquilles Saint-Jacques en deux ou quatre selon leur taille. Mettez-les dans la cocotte et laissez encore cuire 2-3 minutes, en tournant de temps en temps.

Ajoutez les tomates, le concentré de tomates, le tabasco, le jus de citron, le vin, le sel, le poivre, la coriandre, le laurier et portez à ébullition.

Couvrez et faites cuire 40 minutes à 160°.

Délayez la maïzena avec un peu d'eau froide, versez dans la cocotte, portez à ébullition et laissez bouillir 1-2 minutes. Rectifiez l'assaisonnement, retirez le laurier, décorez avec les feuilles de laurier et servez avec du riz.

Pour 6 personnes

Flétan

le zeste râpé et le jus de 1 orange et 2 citrons verts
1 tranche de flétan coupée en deux
POUR DÉCORER :
4 rondelles d'orange et de citron vert

Mettez 1 cuillère à soupe de chaque zeste et le jus des fruits dans un plat à four. Posez dessus le poisson. Couvrez et laissez 12 heures au frais, en retournant une fois le poisson.

Couvrez le plat de papier aluminium et faites cuire 20 minutes au four (180°).

Décorez avec les rondelles de fruits.

Pour 2 personnes

Cocotte de lotte ; flétan

Chaudrée aux fruits de mer

1 bouteille de vin blanc sec
4 gousses d'ail écrasées
quelques branches de persil
sel et poivre blanc
125 g de riz long
1 bonne pincée de safran
4 branches de céleri coupées en deux
250 g de fèves écossées
1 kg de poisson blanc en gros morceaux
250 g de crevettes non décortiquées
15 cl de crème fraîche
1 cuillère à soupe de farine

Mettez dans un grand faitout le vin, l'ail, le persil, le sel, le poivre, couvrez et portez à ébullition. Baissez le feu et laissez frémir, découvert, 15 minutes.

Ajoutez le riz, le safran, le céleri, les fèves et laissez cuire couvert 15-20 minutes, en ajoutant le poisson au bout de 5 minutes. Transférez le poisson et les légumes sur un plat de service chaud.

Mélangez la crème et la farine, incorporez au liquide de cuisson, portez à ébullition tout en tournant. Versez dans le plat de service.

Pour 4 personnes

Note : pour le poisson choisissez du colin, de la lotte, de la brème, du merlan.

Crabe à la diable

2 crabes cuits
15 cl de crème fraîche
1 cuillère à café de moutarde
1 cuillère à café de sauce worcestershire
1/2 cuillère à café de cayenne
1 cuillère à café de jus de citron
2 cuillères à soupe de persil haché
125 g de tomates pelées et hachées
2 cuillères à soupe de cognac
sel et poivre
2 cuillères à soupe de chapelure
2 cuillères à soupe de gruyère râpé
POUR DÉCORER :
cresson
concombre

Retirez la chair des crabes et mettez-la dans une jatte. Ajoutez et mélangez la crème, la moutarde, la sauce Worcestershire, le cayenne, le jus de citron, le persil, les tomates, le cognac, salez et poivrez.

Badigeonnez l'intérieur et l'extérieur des carapaces avec de l'huile.

Répartissez le mélange précédent dans les caparaces et mettez le surplus dans un ramequin. Saupoudrez de chapelure, de fromage, et faites cuire 15 à 20 minutes au four (200°).

Décorez avec le cresson et des tranches de concombre.

Pour 4 personnes

Cuisson du crabe

Pesez le crabe si possible !

Dans un grand faitout faites bouillir 2 à 2,5 l d'eau avec 150 g de sel ; ajoutez 1 feuille de laurier, 5 grains de poivre, 1 oignon et 2 branches de céleri émincés.

Plongez-y le crabe vivant, couvrez et à eau frémissante comptez 15 minutes pour les premiers 500 g et 8 minutes par 500 g suivants. Sortez-le et laissez-le refroidir.

A GAUCHE : *crabe à la diable*
A DROITE : *crabe farci, sole grillée aux crevettes*

Sole grillée aux crevettes

4 filets de sole
jus de 1 citron
25 g de beurre
SAUCE :
250 g de crevettes décortiquées
zeste râpé et jus de 1 citron
2 cuillères à soupe de persil et ciboulette hachées
sel et poivre
POUR GARNIR :
quelques crevettes entières cuites
rondelles de citron

Arrosez le poisson de jus de citron, parsemez de beurre et faites cuire 2 à 3 minutes de chaque côté sous le gril.

Entre-temps, confectionnez la sauce. Dans une poêle, faites chauffer à feu doux les crevettes, le zeste, le jus de citron et les herbes, avec du sel et du poivre.

Roulez les filets de sole et disposez-les sur des assiettes. Nappez de sauce. Garnissez de crevettes et de rondelles de citron, et servez immédiatement.

Pour 4 personnes

Crabe farci

1 oignon haché
15 g de beurre
2 petits tourteaux cuits, nettoyés
jus de 1/2 citron
4 gouttes de Viandox
sel et poivre
1 cuillère à soupe de chapelure
1 cuillère à soupe de gruyère râpé
POUR GARNIR :
brins de persil
4 rondelles de citron

Dans une poêle, faites fondre l'oignon avec le beurre 5 à 7 minutes. Retirez et laissez refroidir.

Décortiquez les tourteaux ; réservez les carapaces. Mélangez la chair avec le jus de citron et le Viandox ; salez et poivrez. Ajoutez l'oignon ; répartissez cette farce dans les carapaces. Parsemez de chapelure et de fromage râpé.

Placez sur une plaque de cuisson et faites cuire 20 minutes au four (180°), jusqu'à ce que la farce soit chaude et dorée.

Garnissez de persil et de rondelles de citron. Servez immédiatement.

Pour 2 personnes

CI-DESSUS : *Crabe farci ; sole grillée aux crevettes*

Congre au cidre

25 g de beurre
1 oignon haché
500-750 g de congre en tranches
15 g de farine
45 cl de cidre brut
1 petite pomme pelée et émincée
2 gousses d'ail
sel et poivre
persil ou menthe pour décorer

Faites fondre le beurre dans une cocotte, ajoutez et faites revenir l'oignon.

Ajoutez le congre et faites dorer légèrement. Ajoutez la farine et tournez 2 minutes, puis incorporez peu à peu le cidre. Ajoutez la pomme, l'ail, salez, poivrez et portez à ébullition. Faites cuire 1 heure au four (180°).

Décorez de persil ou de menthe avant de servir.

Pour 4 personnes

Rougets en feuille de vigne

6 feuilles de vigne
2 rougets de 250 g chacun, écaillés et lavés
huile
FARCE :
1 grosse tomate hachée
2 filets d'anchois hachés
2 cuillères à soupe de persil haché
1 cuillère à soupe de basilic haché
1 gousse d'ail écrasée
sel et poivre
POUR DÉCORER :
4 anchois
2 olives noires

Mélangez les ingrédients de la farce et étalez-la sur 2 feuilles de vigne.

Répartissez les feuilles de vigne en deux groupes de trois, se chevauchant, celles couvertes de farce au centre. Posez dessus les poissons et repliez les feuilles de vigne. Mettez-les dans un plat à four, badigeonnez-les d'huile et faites cuire 15 minutes au four (200°).

Disposez-les sur un plat de service chaud, et décorez avec les anchois et les olives.

Pour 2 personnes

Truites farcies à l'avocat

4 truites préparées
huile de tournesol
FARCE :
1 avocat bien mûr, pelé, dénoyauté et haché
1 cuillère à café de jus de citron
25 g de pistaches hachées
1 cuillère à soupe de miel liquide
1 cuillère à soupe de sauce soja
sel et poivre
POUR DÉCORER :
4 rondelles de citron vert
feuilles de coriandre

Mélangez tous les ingrédients de la farce et répartissez-la dans les cavités des truites.

Posez-les dans un plat à four, badigeonnez-les d'huile, couvrez-les de papier aluminium. Faites cuire 20 minutes au four (180°).

Disposez sur un plat de service chaud, décorez avec le citron et la coriandre.

Pour 4 personnes

Truites farcies à l'avocat

Koulibiac de saumon

600 g de saumon frais, décongelé
6 cuillères à soupe de lait
sel et poivre
125 g de champignons émincés
1 gros oignon haché
75 g de riz complet cuit
1 cuillère à soupe de persil haché
350 g de pâte feuilletée
1 œuf battu pour faire dorer
brins de persil pour décorer

Mettez le saumon dans une casserole avec le lait et assaisonnez à votre goût. Portez à ébullition, couvrez et laissez frémir 5 minutes. Laissez refroidir dans la casserole. Égouttez et gardez le liquide. Émiettez le poisson en enlevant la peau et les arêtes. Mélangez-le avec les champignons, l'oignon, le riz et le persil.

Abaissez la pâte en un rectangle de 33 × 37 cm, ôtez le surplus et réservez-le pour décorer. Faites deux bandes, l'une de 15 cm et l'autre de 18 cm de large. Placez la plus étroite sur une plaque à pâtisserie et étalez votre mélange jusqu'à 1,5 cm des bords. Humectez les bords, couvrez avec l'autre bande de pâte et soudez les deux bords. Décorez avec la pâte qui vous reste. Badigeonnez de jaune d'œuf et faites cuire pendant 30 minutes au four préchauffé à 200°. Pour servir, ajoutez des brins de persil et accompagnez d'une sauce blanche au persil (page 147).

Crevettes aux herbes

1 kg de crevettes vivantes
sel et poivre
1,75 l d'eau
125 g de beurre
2 cuillères à soupe de persil haché
3 cuillères à soupe d'herbes fraîches hachées (de préférence estragon et basilic)
le jus de 1/2 citron
persil haché pour décorer

Faire cuire 5 minutes les crevettes à l'eau bouillante salée ; elles doivent devenir roses. Égouttez et laissez refroidir légèrement, puis décortiquez-les.

Mélangez le beurre, le persil, les herbes, le jus de citron, salez et poivrez. Étalez la moitié du beurre sur le fond d'un plat à gratin. Placez les crevettes en rangs, et couvrez-les avec le reste du beurre.

Faites-les cuire 10 minutes dans un four préchauffé à 200°. Puis passez le plat quelques minutes sous le gril et saupoudrez de persil avant de servir.

Pour 4 personnes

Note : si vous n'avez pas de crevettes vivantes, utilisez 500 g de crevettes décortiquées sans les faire précuire.

Koulibiac

Huîtres à la crème

12 huîtres
15 g de beurre
1 échalote hachée
1 cuillère à café de cerfeuil haché
15 cl de crème fraîche
sel et poivre
25 g de gruyère râpé
1 cuillère à soupe de chapelure
cerfeuil et quartiers de citron pour décorer

Ouvrez les huîtres comme indiqué page précédente et posez-les sur une plaque à pâtisserie.

Faites fondre le beurre dans une petite casserole, ajoutez et faites revenir l'échalote. Ajoutez le cerfeuil, la crème, salez, poivrez et portez doucement à ébullition. Retirez du feu et incorporez le fromage.

Répartissez la sauce sur les huîtres, puis la chapelure, et faites dorer 2 minutes sous le gril. Décorez avec le cerfeuil, les quartiers de citron et servez aussitôt.

Pour 2 ou 4 personnes

Huîtres au saumon fumé

12 huîtres
75 g de saumon fumé haché
400 g de cœurs d'artichauts hachés
25 g de gruyère râpé
2 cuillères à soupe de chapelure
poivre
BEURRE AUX HERBES :
75 g de beurre ramolli
1 cuillère à soupe de cerfeuil haché
1 cuillère à soupe d'estragon haché
2 cuillères à soupe de jus de citron
POUR DÉCORER :
quartiers de citron vert
feuilles d'estragon

Préparez d'abord le beurre aux herbes en mélangeant tous les ingrédients dans une jatte.

Ouvrez les huîtres.

Répartissez le saumon, les artichauts et le beurre aux herbes sur les huîtres. Saupoudrez de gruyère, de chapelure et de poivre.

Posez-les sur une plaque et faites-les cuire 15 minutes au four (200°). Ou bien passez-les 10 à 15 minutes sous le gril.

Disposez-les sur un plat de service chaud, décorez avec les quartiers de citron vert, les feuilles d'estragon et servez avec du pain et du beurre.

Pour 2 à 4 personnes

Filets aux champignons

25 g de farine
sel et poivre
6 filets de poisson (merlan, cabillaud...)
175 g de beurre
350 g de champignons de Paris émincés
1 gousse d'ail écrasée
8 cuillères à soupe de crème fraîche
1 cuillère à café de jus de citron
POUR DÉCORER :
persil
rondelles de citron

Passez le poisson dans la farine salée et poivrée. Faites fondre 125 g de beurre dans une petite casserole, portez à ébullition, puis passez-le à travers une mousseline au-dessus d'une poêle. Ajoutez le poisson et faites-le revenir 3 minutes de chaque côté, tenez-le au chaud.

Faites fondre le reste de beurre dans une autre poêle, ajoutez les champignons, l'ail, couvrez et laissez frémir 8 minutes. Incorporez la crème, le jus de citron, salez, poivrez.

Disposez le poisson sur un plat de service chaud et nappez-le de sauce aux champignons. Décorez.

Pour 6 personnes

Pizza du pêcheur

1 portion de pâte à pizza
1 portion de sauce tomate (page 145)
2 tomates pelées et émincées
1 boîte (200 g) de thon
125 g de crevettes décortiquées
2 cuillères à café de basilic haché
50 g de gruyère et bel paese coupés en dés

Étalez la pâte et faites-la glisser sur une plaque chaude. Couvrez-la de sauce tomate et répartissez les rondelles de tomate sur le pourtour. Égouttez et émiettez le thon, puis répartissez-le sur la pizza ainsi que les crevettes. Saupoudrez de basilic et ajoutez les fromages.

Faites cuire 15 à 20 minutes au four (220°).

Servez aussitôt.

Pour 4 personnes

Pâte à pizza

200 g de farine
1 cuillère à café de sel
1 cuillère à soupe d'huile d'olive
15 à 20 cl d'eau
15 g de levure de boulanger ou 1 paquet de levure déshydratée

Tamisez la farine et le sel dans une grande jatte. Ajoutez l'huile et la levure, l'eau, et pétrissez jusqu'à ce que cela soit élastique (environ 8 minutes à la main ou 5 minutes au mixeur).

Couvrez et laissez lever dans un endroit chaud 2 h 1/2 à 3 heures, la pâte doit doubler de volume.

Pour une pizza de 25 cm de diamètre

Ouvrir des huîtres

Utilisez un couteau spécial.

Pour vous protéger, mettez un linge dans la paume de votre main. Tenez l'huître dans cette main et insérez la pointe du couteau dans la charnière et tournez pour que les coquilles se séparent.

Ouvrez les huîtres peu de temps avant de les servir et posez-les sur un lit d'algues et de glace pilée. Accompagnez-les de jus de citron, de pain et de beurre.

A GAUCHE : *huîtres à la crème ; huîtres au saumon fumé*
A DROITE : *pizza Oslo*

Pizza Oslo

1 portion de pâte à pizza
3 tomates pelées et émincées
175 g de saumon fumé en tranches fines
2 cuillères à soupe d'aneth et de persil hachés
125 g de mozzarella en tranches

Étalez la pâte. Disposez dessus les tomates et recouvrez-les avec le saumon. Répartissez les herbes et le fromage.

Faites glisser la pizza sur une plaque chaude et faites cuire 15 à 20 minutes au four (220°).

Pour 4 personnes

Note : vous pouvez remplacer le saumon par des crevettes décortiquées.

Filets de sole au soja et au gingembre

500-700 g de filets de sole
2 blancs d'œufs
1 cuillère à café de maïzena
1/2 cuillère à café de sel
3 cuillères à soupe d'huile
1 morceau de gingembre frais de 5 cm, râpé
1 gousse d'ail hachée
3 cuillères à soupe de sauce soja
1 cuillère à soupe de vin blanc sec
3 cuillères à soupe de fumet de poisson (page 146)
3 cives hachées

Émincez les filets de sole. Battez ensemble les blancs d'œufs, la maïzena et le sel ; quand le mélange est mousseux, versez-le sur le poisson et laissez 20 minutes au frais.

Faites chauffer l'huile dans une grande poêle. Quand elle est sur le point de fumer, faites revenir le poisson en tournant 2 minutes. Retirez-le avec une écumoire et gardez seulement la valeur de 1 cuillère à soupe d'huile.

Faites-y revenir 1 minute le gingembre et l'ail, puis versez la sauce soja, le vin, le fumet de poisson, portez à ébullition rapidement et laissez bouillir 2 minutes.

Remettez le poisson dans la poêle et tournez 1 minute. Disposez-le sur un plat de service chaud, décoré de cives.

Pour 6 personnes

Sole Véronique

750 g de filets de sole
2 échalotes hachées
1 branche de persil
1 feuille de laurier
15 cl de vin blanc sec
1 cuillère à soupe de jus de citron
sel et poivre
15 g de beurre
2 cuillères à soupe de farine
4-5 cuillères à soupe de lait
1 cuillère à soupe de crème fraîche
180 g de raisins pelés, coupés en deux et épépinés

Pliez les filets de sole en deux et disposez-les dans un plat à four beurré. Répartissez dessus les échalotes, le persil, le laurier, le vin, le jus de citron, salez et poivrez. Ajoutez juste assez d'eau pour que le poisson soit couvert.

Faites cuire 15 à 20 minutes au four (180°) ; le poisson doit être tendre. Avec une écumoire, transférez le poisson sur un plat de service et tenez le au chaud. Passez le liquide de cuisson.

Faites fondre le beurre dans une casserole, ajoutez la farine et tournez 1 minute. Incorporez peu à peu le liquide de cuisson et suffisamment de lait, pour obtenir une sauce lisse nappante. Rectifiez l'assaisonnement, puis ajoutez la crème et les raisins. Versez sur le poisson et servez aussitôt.

Pour 4 personnes

Sardines grillées

16 sardines fraîches nettoyées
MARINADE :
10 cuillères à soupe de jus de citron vert
3 gousses d'ail écrasées
1 cuillère à café de paprika
1 cuillère à café de gingembre râpé
1 cuillère à café de cumin moulu
1 cuillère à café de concentré de tomates
POUR DÉCORER :
quartiers de citron vert

Posez les sardines sur un plat. Mélangez tous les ingrédients de la marinade et versez sur les poissons. Laissez mariner 1 heure au frais. Retirez-les et mettez de côté la marinade.

Posez du papier aluminium sur une grille et répartissez dessus les sardines. Faites cuire 5 minutes de chaque côté sous le gril, en arrosant avec la marinade. Décorez avec les quartiers de citron.

Pour 8 personnes

Filets de sole au soja et au gingembre

Saint-Jacques parisienne

250 g de topinambours émincés
250 g de haricots verts effilés
1 l d'eau bouillante
sel et poivre
25 g de beurre
1 cuillère à soupe d'huile
1 oignon haché
16 coquilles Saint-Jacques
2 cuillères à soupe de farine
1 cuillère à café de paprika
45 cl de lait
POUR DÉCORER :
1 cuillère à soupe de persil haché
4 petites tomates

Mettez les topinambours et les haricots dans une grande casserole, couvrez-les d'eau, ajoutez 1 pincée de sel, couvrez et portez à ébullition. Baissez le feu et laissez frémir 15 minutes ; égouttez-les.

Essuyez la casserole, faites chauffer le beurre et l'huile et faites revenir l'oignon 3-4 minutes. Ajoutez les coquilles Saint-Jacques et laissez-les cuire 5 minutes. Ajoutez la farine, le paprika et tournez 1 minute. Incorporez peu à peu le lait.

Remettez les légumes et laissez chauffer 3-4 minutes. Saupoudrez de persil, décorez avec les tomates et servez aussitôt.

Pour 4 personnes

Truites aux asperges

15 g de beurre
2 cuillères à soupe d'huile
25 g d'amandes effilées
2 échalotes hachées
4 branches de céleri émincées
sel et poivre
1 cuillère à soupe de farine
1 1/2 cuillère à café de gingembre en poudre
4 truites de 175 g chacune
2 cuillères à soupe de miel liquide
6 cuillères à soupe de vin blanc sec
1 boîte (340 g) de pointes d'asperges

Faites chauffer le beurre et l'huile dans une grande poêle et faites dorer les amandes ; retirez-le avec une éumoire. Faites revenir 5 minutes les échalotes, le céleri, salez, poivrez.

Assaisonnez la farine avec 1/2 cuillère à café de gingembre et passez-y les truites. Faites-les revenir 1-2 minutes de chaque côté. Mélangez le reste de gingembre avec le miel et le vin, puis versez sur les truites. Ajoutez les asperges.

Couvrez, baissez le feu et laissez cuire 5 minutes ; le liquide doit être glacé.

Accompagnez d'une salade de pommes de terre.

Pour 4 personnes

Saint-Jacques parisienne ; truites aux asperges

Homard à la sauce tomate

2 homards d'environ 500-750 g chacun
25 g de beurre
1 cuillère à soupe de cognac
SAUCE TOMATE :
1 cuillère à soupe d'huile
1 oignon haché
1 carotte hachée
2 gousses d'ail écrasées
1 kg de tomates pelées
1 cuillère à café de sucre
15 cl de vin rouge
sel et poivre
1/2 cuillère à café de cayenne
POUR DÉCORER :
quartiers de citron
branches de basilic

Mélangez d'abord les ingrédients de la sauce : faites chauffer l'huile, ajoutez et faites dorer l'oignon et la carotte, puis ajoutez le reste des ingrédients, sauf le cayenne. Portez à ébullition, tout en tournant et laissez frémir 30 minutes. Passez au mixeur, puis retournez dans la casserole et ajoutez le cayenne.

Préparez les homards, coupez la chair en morceaux et nettoyez les carapaces.

Ajoutez la chair de homard dans la casserole, puis incorporez le beurre et le cognac. Répartissez dans les carapaces disposées sur un plat de service.

Décorez avec les quartiers de citron et le basilic.

Pour 4 à 6 personnes

Crevettes à la grecque

30 cl d'eau
le jus de 1/2 citron
1 kg de crevettes fraîches
3 cuillères à soupe d'huile d'olive
1 oignon haché fin
1 gousse d'ail écrasée
2 boîtes de tomates (environ 400 g chacune) égouttées et coupées fin
1 pincée d'origan
sel et poivre
75 g de fromage grec (Fetta) émietté

Portez l'eau et le jus de citron à ébullition dans une casserole. Plongez les crevettes 5 minutes ; elles doivent devenir rosées. Égouttez, mettez de côté le jus de cuisson et décortiquez-les. Portez le jus de cuisson à ébullition, puis laissez-le réduire à 15 cl.

Faites chauffer l'huile dans une cocotte, puis faites revenir l'oignon et l'ail. Ajoutez les tomates, l'origan, le jus de cuisson, salez et poivrez. Laissez frémir jusqu'à ce que la sauce ait réduit et épaissi.

Versez les crevettes, saupoudrez de Fetta et faites cuire 15 minutes dans un four préchauffé à 180°.

Pour 4 personnes

Note : vous pouvez aussi utiliser 500 g de crevettes congelées décortiquées. Ne les faites pas précuire ; ajoutez-les, décongelées, à la sauce.

Cuisson et préparation du homard

Faites bouillir dans un faitout 150 g de sel avec 2 l d'eau. Plongez-y le homard vivant et laissez cuire à eau frémissante : comptez 12-15 minutes pour les premiers 500 g et 10 minutes par 500 g suivants. Retirez le homard. Enlevez les pattes et les pinces, et cassez-les pour en retirer la chair. Tournez le homard, incisez le dessus de la tête et tenez-le la tête en bas pour que s'écoule l'eau qui était à l'intérieur. Fendez-le en deux dans la longueur et retirez le boyau noir qui se trouve au milieu. Ne jetez pas la partie verte crémeuse dans la tête, car elle peut servir à la préparation d'une sauce, de même que les œufs ou le corail des femelles. Détachez délicatement la chair.

Homard thermidor

45 cl de lait
1 oignon coupé en quatre
1 feuille de laurier
1 bouquet garni
15 cl de vin blanc sec
2 homards cuits d'environ 500-750 g chacun
125 g de beurre
50 g de farine
2 cuillères à café de moutarde
2 gros jaunes d'œufs
15 cl de crème fraîche
2 cuillères à café de jus de citron
2 cuillères à soupe de persil haché
sel et poivre
POUR COUVRIR :
75 g de gruyère râpé
POUR DÉCORER :
quartiers de citron vert
branches de cerfeuil

Mettez le lait dans une casserole, ajoutez l'oignon, le laurier, le bouquet garni, portez à ébullition, puis retirez du feu et laissez infuser 30 minutes.

Faites bouillir le vin 3 minutes dans une petite casserole.

Préparez les homards et coupez la chair en morceaux de 1 cm. Passez le corail au tamis et laissez-le de côté. Nettoyez les carapaces.

Faites fondre la moitié du beurre dans une poêle et faites revenir 2 minutes la chair de homard. Retirez du feu.

Faites fondre le reste de beurre dans une casserole, ajoutez et tournez la farine 1 minute. Retirez du feu.

Passez le lait, puis incorporez-le dans la casserole. Ajoutez le vin, portez doucement à ébullition et laissez frémir 4 minutes. Laissez refroidir, puis ajoutez la moutarde, les jaunes d'œufs, le corail, la crème, le jus de citron, le persil, salez, poivrez. Garnissez le fond des carapaces avec un peu de cette sauce.

Ajoutez le homard à la sauce et répartissez dans les carapaces. Saupoudrez-les de gruyère.

Faites cuire 7 à 10 minutes au four (200°). Décorez avec les quartiers de citron et de cerfeuil et servez très chaud.

Pour 6 personnes

A GAUCHE : *homard à la sauce tomate*
A DROITE : *homard thermidor*

Cannelloni aux fruits de mer

2 branches de céleri hachées
2 carottes hachées
50 cl de lait
1 oignon coupé en quatre
3 grains de poivre
1 feuille de laurier
50 g de beurre
50 g de farine
1 cuillère à soupe d'aneth haché
2 cuillères à soupe de persil haché
sel et poivre
1 portion de 250 g de pâte étalée
1 cuillère à soupe d'huile
2 cuillères à soupe de chapelure
GARNITURE :
15 cl de vin blanc sec
4 coquilles Saint-Jacques coupées en deux
15 g de beurre
2 ciboules hachées
250 g de crevettes décortiquées
125 g de gruyère râpé
4 cuillères à soupe de parmesan râpé
POUR DÉCORER :
crevettes entières
branches d'aneth

Mettez le céleri et les carottes dans une casserole avec le lait, l'oignon, le poivre, le laurier et porter à ébullition. Retirez du feu, laissez refroidir, puis passez le liquide.

Faites fondre le beurre dans une casserole, ajoutez la farine, tournez-la 2 minutes, puis incorporez peu à peu le liquide passé. Portez à ébullition, tournez 2 minutes, ajouter les herbes et salez.

Versez le vin dans une petite casserole, portez à ébullition, ajoutez les Saint-Jacques et laissez cuire 2 minutes, sans couvrir. Retirez-les avec une écumoire, laissez de côté ainsi que le vin.

Faites fondre le beurre dans une casserole et faites fondre la ciboule 1 minute, versez le vin et laissez réduire jusqu'à ce qu'il ne reste plus que 2 cuillères à soupe de liquide. Retirez du feu, ajoutez un quart de la sauce, puis les crevettes, les Saint-Jacques, salez, poivrez et incorporez les fromages.

Coupez la pâte en morceaux de 7 × 10 cm et faites-les cuire 1 minute dans de l'eau bouillante salée additionnée d'huile. Égouttez-les et posez-les sur un linge.

Répartissez dessus la garniture et roulez-les sur le petit côté. Disposez-les en une seule couche dans un plat à four beurré, versez dessus la sauce et saupoudrez de chapelure.

Faites cuire 15 à 20 minutes au four (200°). Décorez avec l'aneth et les crevettes, et servez aussitôt.

Pour 6 à 8 personnes

Note : cela peut faire un plat principal pour 4 personnes.

Étaler et cuire la pâte

Étalez la pâte sur une surface farinée et applatissez-la au rouleau à pâtisserie en la faisant tourner d'un quart de tour entre chaque coup de rouleau, jusqu'à ce qu'elle atteigne 10-12 cm de diamètre.

Tenez le bord de la pâte d'une main, placez l'autre bord sur le rouleau que vous pousserez pour étirer la pâte. Continuez à pousser le rouleau et à étirer la pâte en tournant le rouleau d'un quart de tour à chaque fois jusqu'à ce que la pâte forme un carré de 20-23 cm et qu'elle soit fine comme du papier.

Coupez la pâte en feuilles de 7,5 × 10 cm et faites-les cuire 1 minute à l'eau bouillante salée additionnée d'huile. Égouttez-les et posez-les sur des torchons propres et secs.

Sole bonne femme

75 g de beurre
150 g de champignons émincés
2 échalotes émincées
750 g de filets de sole
2 cuillères à soupe de persil haché
sel et poivre
12 cl de vin blanc sec
2 cuillères à soupe de jus de citron
25 g de farine
1 jaune d'œuf
5 cuillères à soupe de crème fraîche
persil haché pour décorer

Faites fondre 50 g de beurre à feu doux et faites revenir 5 minutes les champignons et les échalotes.

Transférez-les sur le fond d'un plat à four, et posez dessus les filets de sole roulés sur eux-mêmes. Répartissez le persil, salez, poivrez. Versez le jus de citron, couvrez et faites cuire 20 minutes à 180°.

Transférez le poisson sur un plat de service chaud et tenez-le au chaud. Mélangez le reste de beurre avec une quantité égale de farine et incorporez à la sauce. Portez à ébullition.

Battez le jaune d'œuf et la crème et incorporez à la sauce hors du feu.

Versez sur le poisson et faites dorer légèrement sous le gril. Décorez avec le persil.

Pour 4 personnes

Sole bonne femme ; cannelloni aux fruits de mer

Saumon au fenouil

4 tranches de saumon
6 cuillères à soupe de vermouth blanc sec
4 cuillères à soupe de vin blanc sec
1 pincée d'herbes de Provence
50 g de beurre
2 cuillères à café d'échalotes hachées
1 bulbe de fenouil émincé
3 petits poireaux émincés
6 cuillères à soupe de crème fraîche
1/4 cuillère à café de moutarde
sel et poivre
tiges de fenouil

Mettez le poisson sur le fond d'une grande poêle, versez dessus le vermouth, le vin et les herbes. Portez doucement à ébullition, couvrez et laissez frémir 3-4 minutes.

Avec une écumoire tranférez-le sur un plat de service chaud, couvrez de papier aluminium et tenez au chaud. Filtrez le liquide de cuisson et mettez le de côté.

Lavez la poêle et reportez sur le feu. Faites fondre le beurre et revenir 4-5 minutes les échalotes, le fenouil et les poireaux, tout en tournant.

Versez le liquide de cuisson, et laissez bouillir jusqu'à ce qu'il ait réduit de moitié. Incorporez la crème, la moutarde, salez et poivrez.

Versez sur le poisson et décorez avec le fenouil.

Pour 4 personnes

Poivrons farcis

500 g de filets de cabillaud
30 cl d'eau bouillante
1 bouquet garni
1/2 oignon
sel et poivre
1 cuillère à soupe d'huile
1 oignon haché
2 branches de céleri hachées
125 g de riz brun
1 boîte (230 g) de tomates
1 feuille de laurier
1 cuillère à café de marjolaine hachée
15 cl d'eau froide
125 g de crevettes décortiquées
4 cuillères à soupe de maïs en grains
4 poivrons verts
4 crevettes entières pour décorer

Mettez le poisson dans une casserole avec l'eau bouillante, le bouquet garni, le demi-oignon, salez, poivrez, couvrez et laissez frémir 10 à 15 minutes. Retirez et nettoyez le poisson, émiettez-le en gros morceaux.

Faites chauffer l'huile dans une poêle, ajoutez et faites revenir l'oignon et le céleri 2 minutes, puis ajoutez le riz et laissez revenir 3 minutes.

Ajourez les tomates et leur jus, les herbes, salez, poivrez, versez l'eau froide, portez à ébullution, couvrez et laissez frémir 40 minutes. Retirez du feu et incorporez le poisson, les crevettes et le maïs.

Coupez un chapeau sur chaque poivron et mettez-les de côté. Évidez les poivrons et unifiez la base pour qu'ils soient stables. Plongez-les 2 minutes dans l'eau bouillante, puis dans de l'eau froide. Égouttez.

Répartissez la farce dans les poivrons, posez dessus les couvercles, mettez-les dans un plat à four et faites-les cuire 15 minutes au four (180°). Décorez avec les crevettes.

Pour 4 personnes

Pâte aux œufs

500 g de farine
1 bonne pincée de sel
2 gros œufs ou 3 moyens
1 cuillère à café d'huile
3-4 cuillères à soupe d'eau

Tamisez la farine et le sel dans une jatte. Dans un trou au centre versez les œufs et l'huile. Poussez la farine vers le centre, ajoutez 3 cuillères à soupe d'eau et pétrissez, ajoutez un peu d'eau si le mélange est trop sec.

Pétrissez la pâte jusqu'à ce qu'elle devienne élastique. Enveloppez-la dans du film alimentaire et laissez-la reposer au minimum 15 minutes et au maximum 2 heures.

Pour 500 g de pâte

Note : pour des pâtes à la farine entière, utilisez 500 g de farine complète, 3 gros œufs et environ 4-5 cuillères à soupe d'eau.

Cappelletti aux crevettes

1 petit oignon coupé en deux
1 branche de céleri hachée gros
1 petite carotte hachée gros
350 g de filets de poisson blanc
20 cl de vin blanc sec
sel et poivre
2 jaunes d'œuf
20 g de parmesan râpé
1 cuillère à café de marjolaine hachée
1 pincée de noix de muscade râpée
250 g de pâte étalée
25 g de beurre
SAUCE :
4 cuillères à soupe d'huile d'olive
2 gousses d'ail écrasées
8 tomates pelées, épépinées et hachées
4 cuillères à soupe de vin blanc sec
250 g de crevettes décortiquées
30 cl de crème fraîche
2 cuillères à soupe de persil haché
POUR DÉCORER :
persil et marjolaine

Mettez l'oignon, le céleri, la carotte et le poisson dans une poêle, couvrez de vin blanc, salez, poivrez, portez à ébullition et laissez frémir 10 à 12 minutes.

Égouttez le poisson, et émiettez-le dans une jatte. Mélangez-le avec les jaunes d'œufs, le fromage, la marjolaine, la muscade.

Coupez la pâte en carrés de 4 cm. Posez au centre 1/2 cuillère à café du mélange précédent et humidifiez les bords avec de l'eau. Pliez-les en deux, en diagonale, pour obtenir des triangles et faites bien adhérer les bords. Faites adhérer le coin gauche et le coin droit pour former un cercle. Laissez-les sécher sur un linge 1 heure.

Pendant ce temps, préparez la sauce : dans une casserole, faites dorer l'ail 2-3 minutes dans l'huile. Ajoutez les tomates, le vin, portez à ébullition et laissez frémir 15 à 20 minutes, sans couvrir. Ajoutez les crevettes, salez, poivrez.

Ajoutez la crème et portez doucement à ébullition, sans cesser de tourner. Ajoutez le persil et retirez du feu.

Faites cuire les cappelletti 1 minute à l'eau bouillante salée. Égouttez-les et mélangez-les dans un plat de service chaud avec le beurre, puis nappez-les de sauce. Décorez de persil ou de marjolaine, et servez aussitôt.

Pour 4 personnes

A GAUCHE : *saumon au fenouil*
A DROITE : *cappelletti aux crevettes*

Pâtes aux seiches

350 g de blancs de seiche émincés
15 cl de vin blanc sec
1 bouquet garni
6 cuillères à soupe d'huile d'olive
1 gros oignon haché
750 g de tomates pelées, épépinées et hachées
2 cuillères à soupe de basilic haché
1 cuillère à soupe de persil haché
sel et poivre
1-2 gousses d'ail écrasées
500 g de tagliatelles fraîches
25 g de beurre

Mettez les seiches dans une casserole avec le vin et le bouquet garni. Portez à ébullition, couvrez et laissez frémir 2 minutes. Retirez les seiches et mettez-les de côté. Jetez le bouquet garni et passez le liquide de cuisson.

Faites chauffer l'huile dans une casserole, ajoutez l'oignon et faites-le fondre 5 minutes. Ajoutez les tomates, les herbes, salez, poivrez. Versez le liquide de cuisson, portez à ébullition, couvrez et laissez frémir 30 minutes. Ajoutez l'ail et laissez réduire 5 mn.

Pendant ce temps, faites cuire les tagliatelles al dente.

Égouttez-les, mettez-les dans un plat chaud et tournez-les avec le beurre. Ajoutez les seiches à la sauce, versez sur les pâtes et servez aussitôt.

Pour 4 à 6 personnes

Pâtes aux seiches

Bar au fenouil

2 gros bulbes de fenouil
6 cuillères à soupe d'huile d'olive
8 cuillères à soupe d'eau
sel et poivre
2 bars de 500 g chacun, nettoyés en laissant la tête et la queue
tige de fenouil pour décorer

Coupez les fenouils dans le sens de la longueur en lamelles de 1 cm. Versez l'huile dans une grande poêle, ajoutez les fenouils, l'eau et portez à ébullition. Couvrez et laissez frémir 30 minutes, en tournant de temps en temps. Salez, poivrez et laissez cuire, sans couvrir, jusqu'à ce que le liquide soit évaporé et les fenouils dorés. Transférez sur un plat et tenez au chaud.

Salez, poivrez les poissons, mettez-les dans la poêle et arrosez-les avec l'huile chaude. Couvrez et laissez cuire 7-8 minutes. Retournez-les, arrosez-les avec le liquide de cuisson et laissez encore cuire 5-6 minutes.

Disposez les poissons sur un plat de service chaud, répartissez les fenouils et le jus autour, et décorez avec les tiges de fenouil.

Pour 4 personnes

Gratin de fruits de mer

750 g de pommes de terre
sel et poivre
40 g de beurre
2 cuillères à soupe de farine
20 cl de lait
20 cl de vin blanc sec
1 boîte de chair de crabe (environ 250 g) égouttée et émiettée
350 g de crevettes cuites décortiquées
1 petit oignon râpé
3 cuillères à soupe de persil haché
75 g de gruyère râpé

Faites cuire les pommes de terre à l'eau bouillante salée 10 minutes, égouttez et coupez-les en tranches fines.

Faites fondre 25 g de beurre dans une casserole, ajoutez la farine et, tout en remuant, laissez cuire 1 minute. Incorporez peu à peu le lait et le vin, portez à ébullition. Laissez mijoter tout en remuant, jusqu'à ce que le mélange épaississe. Salez, poivrez et ajoutez le crabe, l'oignon, le persil et le fromage.

Disposez 1/3 des tranches de pommes de terre dans une cocotte graissée, couvrez-les avec le mélange de crabe, puis recommencez l'opération en terminant par une couche de pommes de terre. Parsemez de petits morceaux de beurre. Faites cuire environ 45 minutes dans un four préchauffé à 180°.

Pour 4 personnes

Tagliatelles aux fruits de mer

1 botte de brocolis
2 cuillères à soupe d'huile d'olive
1 cuillère à soupe de gingembre haché
2 gousses d'ail hachées
125 g de champignons de Paris émincés
250 g de coquilles Saint-Jacques
175 g de crevettes décortiquées
15 cl de vin blanc sec
30 cl de crème fraîche
1 cuillère à café de marjolaine et thym hachés
1 cuillère à soupe de persil haché
sel et poivre
500 g de tagliatelles vertes fraîches

Séparez les brocolis en bouquets et faites-les cuire à l'eau bouillante salée 1 minute. Laissez refroidir.

Faites chauffer l'huile dans une grande poêle, ajoutez le gingembre, l'ail, et laissez dorer légèrement. Ajoutez les champignons, les Saint-Jacques, les crevettes. Versez le vin et laissez bouillir à feu vif jusqu'à ce qu'il ne reste plus que 2 cuillères à soupe de liquide. Ajoutez la crème, les herbes, salez, poivrez.

Faites cuire les tagliatelles al dente ; égouttez-les bien.

Ajoutez les brocolis à la sauce et faites-la réchauffer.

Disposez les tagliatelles dans un plat de service chaud, nappez de sauce et servez aussitôt.

Pour 4 à 6 personnes

Spaghetti au thon

4 cuillères à soupe d'huile d'olive
2-3 gousses d'ail écrasées
1 kg de tomates, pelées, épépinées et hachées
1 cuillère à soupe de basilic et origan hachés
sel et poivre
400 g de thon émietté
2 cuillères à café de câpres
500 g de spaghetti frais
25 g de beurre

Faites chauffer l'huile dans une casserole, ajoutez et faites dorer l'ail, en tournant de temps en temps. Ajoutez les tomates, les herbes, salez, poivrez, portez à ébullition et laissez frémir, sans couvrir 30 minutes. Ajoutez le thon et les câpres.

Faites cuire les spaghetti al dente. Égouttez-les bien et tournez-les avec le beurre dans un plat de service chaud.

Rectifiez l'assaisonnement de la sauce, puis nappez-en les pâtes. Décorez avec de l'origan ou du basilic, et servez aussitôt.

Pour 4 à 6 personnes

Tagliatelles aux fruits de mer ; spaghetti au thon

Calamars aux herbes

1 kg de petits calamars préparés
4 cuillères à soupe d'huile d'olive
3-4 gousses d'ail émincées
sel et poivre
2 cuillères à soupe de thym égrené
1 cuillère à soupe de persil haché
jus de 1/2 citron
POUR DÉCORER :
rondelles de citron
1 petit bouquet de thym

Coupez les calamars en rondelles et les tentacules en deux si elles sont grandes. Faites chauffer l'huile dans une poêle, faites dorer l'ail doucement, puis jetez-le. Salez, poivrez les calamars.

Augmentez le feu et faites revenir les calamars 1 minute. Saupoudrez d'herbes et arrosez de jus de citron. Décorez avec le citron et le thym et servez aussitôt.

Pour 4 personnes

Calamars aux herbes ; risotto de crevettes

Poisson à la provençale

4 cuillères à soupe d'huile d'olive
2 oignons coupés en tranches fines
1 gousse d'ail écrasé
1 poivron vert coupé en rondelles
4 grosses tomates pelées et coupées en rondelles
basilic
sel et poivre
4 tranches de poisson blanc
2 cuillères à café de jus de citron
6 cuillères à soupe de vin blanc sec

Faites chauffer l'huile dans une poêle ; faites revenir l'oignon et l'ail, puis le poivron 3 minutes. Ôtez du feu et disposez la moitié du mélange dans une cocotte.

Disposez dessus la moitié des rondelles de tomate, la moitié du basilic, salez et poivrez. Posez ensuite les tranches de poisson que vous arroserez du jus de citron. Ajoutez le reste de tomate, de basilic et du mélange oignon-poivron. Versez le vin blanc. Couvrez et faites cuire 45 minutes dans un four préchauffé à 180° ; le poisson doit être tendre.

Pour 4 personnes

Cabillaud sauce au xérès

2 cuillères à soupe d'huile d'olive
4 tranches de cabillaud
sel et poivre
125 g d'amandes effilées
6 cuillères à soupe de xérès demi-sec
2 cuillères à soupe de feuilles de coriandre

Huilez légèrement un plat à four et posez le cabillaud en une seule couche. Salez, poivrez, versez le reste d'huile et répartissez les amandes. Ajoutez le xérès et faites cuire 30 minutes à 180° en arrosant souvent.

Environ 10 minutes avant la fin de la cuisson répartissez dessus les feuilles de coriandre.

Pour 4 personnes

Risotto de crevettes

1 carcasse de poisson plat
2 branches de céleri hachées
2 oignons émincés
2 carottes émincées
1 bouquet garni
1,2 l d'eau
sel et poivre
75 g de beurre
2 cuillères à soupe d'huile d'olive
3 gousses d'ail écrasées
200 g de riz italien
1 bonne pincée de cannelle, noix de muscade, girofle moulue
250 g de calamars préparés et émincés
250 g de crevettes décortiquées
2 cuillères à soupe de persil haché
3 cuillères à soupe de parmesan râpé

Pour le fumet de poisson, mettez dans une casserole la carcasse de poisson, le céleri, les oignons, les carottes, l'eau, les assaisonnements et portez à ébullition. Laissez frémir 30 minutes, filtrez et laissez de côté.

Faites chauffer 50 g de beurre dans une poêle avec l'huile et faites revenir l'ail 1 minute. Ajoutez le riz et tournez jusqu'à ce qu'il soit doré.

Versez 50 cl du fumet de poisson, couvrez et laissez frémir 10 minutes ; le liquide doit être absorbé. Ajoutez 60 cl de fumet de poisson, couvrez et laissez encore frémir 10 minutes.

Ajoutez les épices, les calamars et laissez cuire 3 minutes. Incorporez les crevettes, le persil, le fromage et laissez encore cuire 2 minutes. Rectifiez l'assaisonnement, parsemez de petits morceaux de beurre et servez aussitôt.

Pour 4 à 6 personnes

Cabillaud sauce au xérès ; tranches de poisson à la provençale

Aspic de filets de truite

4 petites truites arc-en-ciel séparées en filets ou 8 filets de truites arc-en-ciel
90 cl d'eau
1 petit oignon coupé en rondelles
quelques branches de persil
le zeste de 1/2 citron
sel
1/2 cuillère à café rase de grains de poivre noir
2 cuillères à soupe de jus de citron (facultatif)
15 cl de vin blanc sec
1 cuillère à soupe de gélatine en poudre
1 blanc d'œuf
2 coquilles d'œufs écrasées
POUR DÉCORER :
feuilles d'estragon frais
quelques olives noires coupées en petites lamelles

Si vous utilisez des truites entières, mettez les têtes et les arêtes dans une casserole avec l'eau, l'oignon, le persil, le zeste de citron, le sel, le poivre, portez à ébullition, couvrez et laissez frémir 20 minutes. Si vous n'utilisez que des filets, faites comme ci-dessus, mais en remplaçant les têtes et les arêtes par 2 cuillères à soupe de jus de citron.

Filtrez le fumet au-dessus d'un plat à four, disposez les filets de truite en une seule couche, le côté peau en-dessous. Couvrez de papier aluminium et faites cuire 5 minutes à 160°. Laissez refroidir hors du four.

Filtrez le jus de cuisson, puis faites le réduire à 35 cl. Mettez le vin dans une casserole, saupoudrez la gélatine et laissez chauffer doucement jusqu'à ce qu'elle soit dissoute. Ajoutez le jus de cuisson, le blanc d'œuf et les coquilles d'œufs.

Portez à ébullition, sans arrêter de fouetter. Arrêtez de tourner, laissez monter l'écume, retirez du feu et laissez déposer. Portez à nouveau à ébullition puis filtrez à travers un tamis. Laissez refroidir puis mettez au réfrigérateur pour que cela épaississe.

Pendant ce temps retirez délicatement la peau des filets de truite et répartissez-les dans les assiettes.

Badigeonnez une fine couche d'aspic sur les filets, décorez avec l'estragon et les olives (après les avoir passés dans l'aspic). Badigeonnez une seconde couche d'aspic et laissez prendre au réfrigérateur.

Pour 8 personnes

Saumon en croûte ; barbue à l'avocat

Saumon en croûte

1 saumon de 1,25 kg
sel et poivre
125 g de beurre ramolli
1 morceau de gingembre de 10 cm râpé
25 g de raisins secs
1 jaune d'œuf battu
PÂTE :
500 g de farine
1 pincée de sel
300 g de beurre coupé en petits morceaux
4 jaunes d'œufs
eau froide pour lier (environ 4 cuillères à soupe)

Préparez d'abord la pâte. Tamisez la farine avec le sel dans une grande jatte. Incorporez le beurre du bout des doigts, jusqu'à ce que cela soit grumeleux, puis les jaunes d'œufs et l'eau peu à peu. Pétrissez la pâte légèrement. Laissez-la reposer au moins 1 heure.

Demandez à votre poissonnier de vous lever les filets du saumon. Salez-les, poivrez-les. Travaillez en crème le beurre et ajoutez le gingembre et les raisins. Répartissez-en la moitié entre les deux filets de poisson et le reste sur le dessus.

Étalez la pâte et enveloppez dedans les filets, badigeonnez d'œuf et faites des incisions sur le dessus pour que la vapeur puisse s'échapper. Faites cuire 30-35 minutes à 230°.

Accompagnez de pommes de terre nouvelles, de petites carottes nouvelles, de bouquets de brocolis et d'une sauce hollandaise (page 148).

Pour 8 personnes

Barbue à l'avocat

1,25 kg de barbue ou de sole, en filets
20 cl de vermouth sec
1 petit oignon émincé
1 avocat mûr émincé en rondelles fines
1 cuillère à soupe de jus de citron
35 cl de crème fraîche
sel et poivre
1 avocat haché pour décorer

Pliez les bouts des filets l'un sur l'autre pour obtenir des « coussins » et posez-les dans un plat à four. Versez le vermouth et répartissez l'oignon. Faites pocher 15 minutes à 180°, puis transférez sur un plat et tenez au chaud.

Ajoutez les tranches d'avocat, le jus de citron et la crème dans le liquide de cuisson et laissez frémir à feu doux 5 à 10 minutes. Salez, poivrez, versez sur le poisson et décorez avec l'avocat haché.

Pour 6 personnes

Poisson à la crème au raifort

1 kg de tranches de poisson blanc
30 cl de court-bouillon
1 cuillère à soupe de jus de citron
40 g de beurre
40 g de farine
15 cl de crème fraîche
1 cuillère à soupe de sauce au raifort
sel et poivre
ciboulette coupée fin pour décorer

Disposez les tranches de poisson dans un plat à four, versez dessus le court-bouillon et le jus de citron, puis faites cuire 15 à 20 minutes dans un four préchauffé à 200°.

Tenez le poisson au chaud et passez le jus de cuisson. Faites-le bouillir jusqu'à ce qu'il ait réduit à 15 cl. Faites fondre le beurre dans une casserole, ajoutez la farine et laissez cuire 2 minutes, tout en remuant. Incorporez peu à peu le jus de cuisson, portez à ébullition. Ajoutez la crème, la sauce au raifort, salez et poivrez. Nappez-en le poisson et laissez encore cuire au four 15 minutes. Saupoudrez de ciboulette.

Pour 4 personnes

Paella

La recette de la paella varie énormément d'une région à l'autre en Espagne. Vous pouvez utiliser toutes les sortes de poissons ou coquillages selon la saison.

2 cuillères à soupe d'huile d'olive
1 gros oignon coupé fin
1 gousse d'ail écrasée avec 1/2 cuillère à café de sel
125 g de lard demi-sel découenné et coupé en dés
1 poivron vert ou rouge évidé, et coupé fin
250 g de riz long
60 cl de bouillon de poule chaud
poivre noir
1/4 cuillère à café de safran en poudre
250 g de poisson blanc, la peau retirée et coupé en dés
250 g de poulet cuit coupé en dés
125 g de crevettes décortiquées
POUR DÉCORER :
1 gamba cuite non décortiquée
10 moules cuites
4 quartiers de citron (facultatif)

Faites chauffer l'huile dans un faitout et faites dorer doucement l'oignon et l'ail 5 minutes. Ajoutez le lard, le poivron et laissez dorer 5 minutes.

Ajoutez le riz, tournez 1-2 minutes, puis versez le bouillon, ajoutez le poivre, le safran et portez à ébullition.

Ajoutez le poisson, couvrez et faites cuire 20 à 25 minutes à 190° ; le riz doit avoir absorbé la plupart du liquide.

Ajoutez le poulet, les crevettes, couvrez et remettez au four 10 minutes. Rectifiez l'assaisonnement, puis transférez dans un plat chaud et décorez avec la gamba, les moules et les quartiers de citron.

Pour 4 personnes

A GAUCHE : *paella*
A DROITE : *cabillaud à la chinoise*

Bar à l'orientale

1 kg de bar en filets
sel et poivre
1 cuillère à soupe d'huile de sésame
1 cuillère à soupe de sauce soja
1 morceau de gingembre râpé
3 gousses d'ail
3 cives émincées
1 branche de persil

SAUCE :

3 cuillères à soupe de vin blanc
3 cuillères à soupe d'huile
2 cuillères à soupe d'huile de sésame
2 cuillères à soupe de sauce soja

POUR DÉCORER :

1 cuillère à soupe de persil haché
2 cives émincées

Mettez le poisson dans une grande feuille de papier aluminium, salez-le et poivrez-le. Arrosez d'huile de sésame et de sauce soja, puis ajoutez le gingembre, l'ail, les cives et le persil. Repliez le papier en une papillote très serrée et posez-la dans le haut du compartiment d'un cuit-vapeur dont le bas contient de l'eau bouillante. Couvrez et faites cuire à la vapeur 35 minutes.

Pour la sauce mettez tous les ingrédients dans une casserole et chauffez à feu doux.

Quand le poisson est cuit, versez son jus de cuisson dans la casserole. Retirez l'ail, les cives et posez le poisson sur un plat de service chaud.

Nappez de sauce et décorez avec le persil et les cives.

Pour 4 personnes

Cabillaud à la chinoise

6 tranches de cabillaud
2 cuillères à soupe de sauce soja
3 cuillères à soupe de vin blanc sec
2 cuillères à soupe d'huile
2 gousses d'ail écrasées
1 morceau de gingembre râpé
3 cuillères à soupe de sauce de haricots de soja
3 ciboules, les parties vertes uniquement, coupées en fines lanières
1/4 cuillère à café de cannelle
20 cl de fumet de poisson (page 146)
2 cives

Rincez le poisson et essuyez-le. Posez-le dans un plat creux et nappez-le de sauce soja et de vin. Laissez 30 minutes à température ambiante, en le retournant une fois.

Faites chauffer l'huile dans 1 ou 2 poêles (le poisson doit être disposé en une seule couche) et faites revenir 30 secondes l'ail et le gingembre, puis ajoutez la sauce de haricots de soja, les verts de ciboule et la cannelle.

Ajoutez le poisson avec sa marinade et faites-le dorer à feu vif des deux côtés.

Versez le fumet, portez à ébullition, puis laissez frémir à feu très doux 15-20 minutes. Rajoutez un peu de fumet ou d'eau si cela devient trop sec. Retirez le poisson, posez-le sur un plat de service et nappez-le de sauce.

Décorez avec les cives.

Pour 6 personnes

Turbot au champagne

1 kg de turbot
sel et poivre
40 cl de champagne brut
30 cl de sauce veloutée (page 146)
50 g de beurre
POUR DÉCORER :
500 g de purée de pommes de terre, pressée avec une poche à douille dans 4 moitiés de tomates épépinées, passées sous le gril
persil haché

Lavez et essuyez le poisson. Posez-le, la partie blanche, sur le fond d'un plat à four beurré, salez, poivrez et versez dessus le champagne. Couvrez de papier aluminium beurré et faites pocher 30 minutes à 190°. Disposez délicatement le poisson sur un plat de service chaud, retirez la peau foncée, tenez-le au chaud.

Mettez le plat à feu vif pour faire réduire le liquide de moitié. Fouettez-y la sauce veloutée, puis hors du feu incorporez le beurre en petits morceaux.

Nappez le poisson d'un peu de sauce, puis passez-le rapidement sous le gril.

Décorez avec les tomates et servez le reste de sauce à part.

Pour 4 personnes

Truites en gelée

15 cl de vin blanc sec
30 cl d'eau
1 cuillère à soupe de vinaigre
1 carotte émincée
1 oignon piqué de clous de girofle
1 feuille de laurier
2 branches de romarin
1 branche de thym
2 branches de persil
12 grains de poivre
1/2 cuillère à café de sel
2 lamelles de zeste d'orange
4 truites nettoyées
3 cuillères à soupe de persil haché

Mettez tous les ingrédients dans une grande casserole, sauf le poisson et le persil haché. Couvrez, portez doucement à ébullition et laissez frémir 20 minutes. Laissez refroidir, puis filtrez.

Mettez le poisson dans une grande poêle et versez dessus le liquide refroidi. Portez doucement à ébullition, puis laissez frémir doucement 7-8 minutes. Retirez-le de la poêle, enlevez la peau et séparez-les en filets que vous disposerez sur un plat de service.

Mettez les parures dans le liquide et faites réduire à feu vif pour qu'il y ait juste de quoi couvrir le poisson. Laissez refroidir, puis mettez à glacer au réfrigérateur au moins 1 heure.

Ajoutez le persil haché et versez sur le poisson. Décorez de rondelles d'orange et de laitue ciselée.

Pour 4 personnes

Brochettes de mulet au lard

3 mulets de 500 g chaque, nettoyés, séparés en filets et la peau retirée
4 cuillères à soupe d'huile d'olive
250 g de tranches de lard demi-sel découennées
2 cuillères à soupe de feuilles de sauge coupées fin
1-2 gousses d'ail coupées fin
sel et poivre
feuille de sauge pour décorer

Coupez le poisson en gros morceaux, mettez-les dans une jatte et arrosez-les d'huile.

Coupez le lard en carrés. Pilez la sauge et l'ail avec 1 bonne pincée de sel.

Répartissez le poisson et le lard sur 6 brochettes, en commençant par du lard.

Frottez les brochettes avec le mélange de sauge, poivrez-les et égouttez-les au-dessus de l'huile.

Faites-les cuire 7 à 12 minutes sous le gril, en les tournant toutes les 2 minutes. Décorez avec les feuilles de sauge.

Pour 6 personnes

Harengs à la scandinave

6 harengs moyens séparés en filets
2 petits oignons coupés fin
sel et poivre
15 clous de girofle
3 feuilles de laurier
1 branche de thym
1 branche de persil
jus de 2 citrons
45 cl de vinaigre de vin blanc
45 cl d'eau
SAUCE AUX MÛRES :
3 pommes pelées, évidées et coupées fin
350 g de mûres
1 1/2 cuillère à soupe de sucre
4 cuillères à soupe de vin rouge
1 cuillère à café de cannelle
3 clous de girofle

Mettez les filets de poisson dans un grand plat à four et répartissez dessus les oignons, le sel, le poivre, les herbes et le jus de citron. Versez le vinaigre, l'eau et faites cuire 25 minutes à 180°. Transférez le poisson sur un plat de service chaud et tenez-le au chaud.

Mettez les pommes, les mûres et le sucre avec un peu d'eau dans une casserole et portez à ébullition. Ajoutez le vin, les épices et 3 cuillères à soupe du liquide de cuisson du poisson. Laissez frémir 5 minutes. Nappez-en le poisson et accompagnez d'asperges ou de brocolis.

Pour 6 personnes

A GAUCHE : *turbot au champagne*
A DROITE : *brochettes de mulet au lard ; harengs à la scandinave*

BOUILLONS, SAUCES, ASSAISONNEMENTS ET BEURRES MANIÉS

Un bon bouillon confectionné à la maison est une excellente base convenant à de nombreux plats, en particulier aux potages. Le temps passé à préparer un court-bouillon de poisson n'est jamais perdu quand il s'agit de saveur. Faites-le en grande quantité et conservez-le quelques mois, réparti en petits sacs dans le congélateur afin de l'avoir à portée de la main en cas de besoin. Les cubes de bouillon qu'on vend dans le commerce sont commodes, mais souvent trop salés et dépourvus de goût.

Il existe autant de manières de préparer le poisson que de sauces pour l'accompagner. La saveur délicate des poissons et des crustacés ne doit pas être masquée par une sauce trop riche, trop lourde, trop abondante. On utilise couramment avec le poisson sauce hollandaise, tartare, sauce blanche au persil ; d'autres, moins connues, comme la sauce au champagne, la sauce tomate à l'orange, le beurre bourdaloue méritent qu'on les essaie.

Pour l'assaisonnement, vous avez le choix entre les vinaigrettes au citron, à l'ail, aux herbes, entre les variations sur la mayonnaise comme la mayonnaise à la tomate ou la sauce rémoulade, et entre les assaisonnements chinois au soja.

N'oubliez pas qu'il faut utiliser les assaisonnements avec discrétion et ne jamais noyer une salade. Conservez-les au réfrigérateur dans des bocaux fermés. Sachez varier les ingrédients de base : l'huile peut être d'olive, de tournesol ou de noix ; le vinaigre de vin, de cidre ou parfumé à l'estragon.

Fumet de poisson

Pour des soupes de poisson, des sauces et pour le poisson poché.

25 g de beurre
1 gros oignon émincé
1 kg de têtes et d'arêtes de poisson
1,2 l d'eau
1 bouquet garni
6 grains de poivre
30 cl de vin blanc sec
1 feuille de laurier
sel et poivre

Faites fondre le beurre dans une casserole et faites revenir l'oignon. Retirez du feu, ajoutez le reste des ingrédients, salez et poivrez. Remettez sur le feu et portez à ébullition. Laissez frémir 30 minutes, non couvert, en écumant de temps en temps, sans ébullition qui altérerait le parfum.

Passez le liquide et rectifiez l'assaisonnement. Se conserve 2 jours au réfrigérateur.

Pour environ 1,25 l de fumet de poisson

Sauce indienne froide ; sauce crème aux herbes

Sauce veloutée

50 g de beurre
12 grains de poivre
quelques branches de persil
25 g de champignons de Paris émincés
50 g de farine
60 cl de fumet de poisson (voir recette à gauche)
jus de 1/2 citron
sel et poivre
2 cuillères à soupe de crème fraîche

Faites fondre le beurre dans une casserole, ajoutez le poivre, le persil, les champignons et laissez cuire doucement 5 minutes. Incorporez la farine et laissez encore cuire 2 minutes.

Hors du feu, incorporez peu à peu le fumet. Reportez sur le feu et laissez frémir doucement 10 minutes.

Filtrez la sauce, ajoutez le jus de citron, salez, poivrez et incorporez la crème.

Pour 45 cl de sauce

Sauce indienne froide

1 jaune d'œuf
1/2 cuillère à café de curcuma
1/4 cuillère à café de cumin moulu
1/4 cuillère à café de coriandre moulue
15 cl d'huile de tournesol
1 cuillère à soupe de jus de citron
150 g de yaourt nature
sel et poivre

Mélangez le jaune d'œuf et les épices dans une jatte. Incorporez peu à peu l'huile en tournant toujours dans le même sens jusqu'à ce que cela soit épais et homogène. Incorporez le jus de citron, le yaourt, salez et poivrez.

Ce genre de sauce légère accompagnera bien du saumon.

Pour 30 cl de sauce.

Sauce crème aux herbes

15 cl de crème fraîche
75 g de beurre
jus de 1 citron vert
2-3 branches d'estragon hachées
2-3 ciboulettes hachées
sel
paprika

Faites chauffer la crème jusqu'à ébullition, puis versez-la dans une jatte. Incorporez-lui le beurre en morceaux, en tournant vivement ou au mixeur, puis ajoutez peu à peu le jus de citron. Incorporez l'estragon, la ciboulette, salez, poivrez. Cette sauce accompagnera bien du poisson grillé ou des coquillages.

Pour environ 25 cl de sauce

Court-bouillon

2 oignons émincés
3 carottes émincées
2 branches de céleri émincées
2 rondelles de citron
25 g de persil en branches
1 feuille de laurier
1 cuillère à café de sel
6 grains de poivre noir
15 g de beurre
50 cl de vin blanc sec
1 l d'eau

Mettez tous les ingrédients dans une casserole, portez à ébullition, couvrez et faites frémir 20 minutes. Laissez refroidir à 37° avant d'ajouter le poisson.

Une fois le poisson cuit, le bouillon peut être filtré et servir de base à des sauces.

Pour 1,75 l de court-bouillon

Sauce blanche

25 g de beurre
25 g de farine
30 cl de lait
sel et poivre

Faites fondre le beurre dans une casserole, ajoutez la farine et tournez 1 minute. Retirez du feu et incorporez peu à peu le lait, salez, poivrez. Portez à ébullition et tournez 2 minutes.
Accompagne bien de la plie, du haddock, de la morue.
Pour 30 cl de sauce

VARIANTES :
Sauce blanche au fromage : ajoutez 75 g de gruyère râpé.
Sauce blanche au persil : ajoutez 50 g de persil haché.
Sauce blanche aux champignons : faites revenir 5 minutes 50 g de champignons dans 15 g de beurre avec 1 cuillère à café de jus de citron, et ajoutez-les à la sauce.
Sauce blanche aux câpres : ajoutez 1 cuillère à soupe de câpres hachées et 1 cuillère à café de jus de citron.
Sauce blanche aux crevettes : ajoutez 75 g de crevettes décortiquées et 1/2 cuillère à café de piment de cayenne.

Sauce blanche ; sauce blanche au persil ; sauce blanche au fromage ; sauce blanche aux champignons ; sauce blanche aux crevettes

Sauce aigre-douce aux groseilles à maquereau

500 g de groseilles à maquereau
1 gousse d'ail écrasée
1 cuillère à café de sel
2 cuillères à café de moutarde
15 cl de vinaigre
175 g de sucre
50 g de raisins secs
15 cl d'eau

Dans une casserole portez tous les ingrédients à ébullition et laissez frémir 40 minutes, en tournant de temps en temps. Laissez refroidir un peu avant de passer au mixeur ; passez au tamis pour retirer les pépins.

Servez chaud ou froid, avec des harengs au four ou des maquereaux.

Pour 35 cl de sauce

Sauce hollandaise

3 cuillères à soupe de vinaigre de vin blanc
1 cuillère à soupe d'eau
6 grains de poivre
1 feuille de laurier
3 jaunes d'œufs
175 g de beurre coupé en cubes
sel et poivre
1 cuillère à café de jus de citron

Faites réduire dans une casserole le vinaigre et l'eau, avec le poivre et le laurier, pour obtenir 1 cuillère à soupe de liquide.

Travaillez dans une jatte les jaunes d'œufs avec 15 g de beurre, puis ajoutez le liquide précédent passé.

Mettez la jatte au bain-marie et incorporez le reste de beurre en fouettant pour obtenir une sauce crémeuse. Si la sauce n'épaissit pas, augmentez le feu ; si elle épaissit trop tôt ou se dissocie, plongez la jatte dans de l'eau froide et tournez vigoureusement. Salez, poivrez, ajoutez le jus de citron.

Servez chaud avec du saumon poché ou du bar au four.

Pour 30 cl de sauce

Sauce moutarde

1 gros jaune d'œuf
2 cuillères à soupe de moutarde
1 cuillère à soupe de vinaigre
6 cl d'huile
sel et poivre
1 cuillère à soupe d'aneth haché

Battez le jaune d'œuf et la moutarde. Incorporez le vinaigre, puis peu à peu l'huile, salez, poivrez et ajoutez l'aneth. Servez froid.

Pour 12 cl de sauce

Sauce aux herbes

2 bottes de cresson
1 bouquet de persil
2 branches d'estragon
4 branches de cerfeuil
2 cuillères à soupe de jus de citron
4 cuillères à soupe d'huile
350 g de fromage blanc

Hachez le cresson et les herbes, puis mettez-les dans une jatte. Incorporez peu à peu le jus de citron, puis l'huile et ensuite le fromage blanc. Salez, poivrez. Servez chaud ou froid.

Pour 45 cl de sauce

A GAUCHE : *sauce moutarde ; sauce aux herbes ; sauce aigre-douce aux groseilles à maquereaux*
A DROITE : *sauce tartare ; sauce au raifort et à l'aneth ; sauce tomate*

Sauce au raifort et à l'aneth

2 cuillères à soupe de raifort râpé
2 cuillères à soupe de jus de citron
1 petite pomme pelée et râpée
15 cl de crème fraîche
1 cuillère à soupe d'aneth haché
sel et poivre

Incorporez le raifort, le jus de citron et la pomme dans la crème. Ajoutez l'aneth, salez, poivrez.

Servez chaud ou froid ; si vous servez cette sauce chaude, faites-la chauffer doucement, sans bouillir.

Pour 15 cl de sauce

Aïoli

3 gousses d'ail écrasées
1 tranche de mie de pain trempée dans l'eau et pressée
1 jaune d'œuf
15 cl d'huile d'olive
1 cuillère à soupe de jus de citron
sel et poivre
1 cuillère à soupe d'eau bouillante pour finir

Dans une jatte, écrasez l'ail et le pain pour obtenir une pâte homogène. Incorporez le jaune d'œuf à la fourchette.

Ajoutez l'huile goutte à goutte puis en mince filet en fouettant pour que le mélange épaississe. Enfin, incorporez le jus de citron, assaisonnez et ajoutez l'eau bouillante en continuant à fouetter.

Pour 15 cl

Bouillons et sauces

Un bon fumet de poisson, ou court-bouillon, est la base du succès d'un grand nombre de plats de poisson. Vous pouvez le préparer à l'avance et le garder au réfrigérateur ou au congélateur.

La saveur d'un plat de poisson sera rehaussée par une sauce. Préparez les sauces froides à l'avance et laissez-les au réfrigérateur jusqu'au moment de servir en posant dessus un morceau de papier paraffiné pour éviter qu'elles ne se dessèchent ou que ne se forme une peau à la surface.

Sauce tomate

1 cuillère à soupe d'huile
50 g de champignons de Paris hachés
1 oignon haché
1 gousse d'ail écrasée
400 g de tomates hachées
6 cl de vin rouge
1 cuillère à café de concentré de tomates
1 feuille de laurier
sel et poivre

Faites chauffer l'huile dans une casserole, ajoutez et faites revenir les champignons et l'oignon 3 minutes.

Ajoutez le reste des ingrédients, portez à ébullition et laissez frémir 20 à 30 minutes, en tournant de temps en temps. Retirez le laurier.

Pour environ 30 cl de sauce

Sauce tartare

4 cuillères à café de câpres hachées
3 cornichons hachés
un peu de ciboulette
15 cl de mayonnaise
2 cuillères à soupe de yaourt nature

Mélangez tous les ingrédients. Servez froid.

Pour 20 cl de sauce

Sauce au vin blanc

30 cl de vin blanc sec
1 échalote coupée fin
1 feuille de laurier
25 g de beurre
25 g de farine
15 cl de fumet de poisson (page 146)
sel et poivre
10 cl de crème fraîche

Faites réduire le vin de moitié à feu vif avec l'échalote et le laurier. Passez.

Faites fondre le beurre dans une petite casserole. Incorporez la farine et laissez cuire 2-3 minutes, hors du feu incorporez le fumet et le vin. Reportez sur le feu et tournez jusqu'à ébullition. Laissez frémir 2-3 minutes. Salez, poivrez, incorporez la crème. Servez avec de la sole.

Pour 30 cl de sauce

Sauce Béchamel

30 cl de lait
2 rondelles d'oignon
1 feuille de laurier
6 grains de poivre
1 petite carotte
1 branche de persil
40 g de beurre
40 g de farine
sel et poivre

Versez le lait dans une casserole, ajoutez l'oignon, le laurier, les grains de poivre, la carotte et le persil. Portez à ébullition, puis retirez du feu. Couvrez et laissez refroidir.

Faites fondre le beurre dans une casserole, ajoutez la farine et tournez 2 minutes. Passez le lait et incorporez-le peu à peu, sans cesser de tourner. Portez à ébullition et laissez cuire 2 minutes. Salez et poivrez.

Pour 30 cl de sauce Béchamel

Sauce Mornay

75 g de gruyère râpé
30 cl de sauce Béchamel chaude

Ajoutez le fromage à la sauce Béchamel chaude et tournez jusqu'à ce qu'il soit fondu ; ne faites pas réchauffer. Servez aussitôt.

Pour 30 cl de sauce Mornay

Sauce tomate à l'orange

2 cuillères à soupe d'huile
4 cives hachées
500 g de tomates pelées
jus de 1 orange
1 cuillère à soupe de jus de citron
2 cuillères à soupe de concentré de tomates
sel et poivre

Faites chauffer 1 cuillère à soupe d'huile dans une casserole et faites revenir doucement les cives 2 minutes. Égouttez-les. Passez les tomates au mixeur, puis incorporez les cives, les jus de fruits, le concentré de tomates et le reste d'huile pendant que le mixeur tourne.

Versez dans une saucière, salez, poivrez et mettez à glacer. Servez avec du poisson frit.

Pour environ 45 cl de sauce

Sauce aux groseilles à maquereau

500 g de groseilles à maquereau
2 cuillères à soupe d'eau
25 g de beurre
1 cuillère à soupe de sucre
1 œuf
sel et poivre

Faites mijoter 20 minutes dans une casserole les groseilles avec l'eau. Ajoutez le beurre et le sucre.

Fouettez l'œuf ; quand il est clair et mousseux, incorporez-lui les groseilles, tout en continuant à fouetter. Salez, poivrez. Servez chaud ou froid, avec des maquereaux ou des harengs.

Pour 35 cl de sauce

A GAUCHE : *sauce au vin blanc ; sauce béchamel ; sauce Mornay*
CI-DESSUS : *sauce au Champagne ; sauce tomate à l'orange ; sauce aux groseilles à maquereau*

Sauce au champagne

Servez cette sauce avec des fruits de mer, de la langouste, des coquilles Saint-Jacques.

25 g de beurre
3 échalotes hachées
30 cl de champagne
30 cl de crème fraîche
sel et poivre
2 cuillères à soupe de cerfeuil haché (facultatif)
2 cuillères à soupe d'estragon haché (facultatif)
50 g de champignons de Paris hachés (facultatif)

Faites fondre le beurre dans une casserole, ajoutez et faites revenir 5 minutes l'échalote.

Versez le champagne, portez à ébullition et laissez bouillir doucement 15 minutes pour que cela réduise de moitié. Retirez du feu et laissez refroidir légèrement. Incorporez la crème, salez, poivrez et laissez à feu doux jusqu'à ce que cela nappe bien le dos de la cuillère. Ajoutez les herbes et les champignons.

Accompagne bien du saumon, de la langouste.

Pour 35 cl de sauce

Sauce niçoise ; mayonnaise

Sauce niçoise

1 cuillère à soupe de concentré de tomates
30 cl de mayonnaise (recette suivante)
1 poivron vert ou rouge haché
1 cuillère à café d'estragon haché
1 cuillère à café de cive hachée
1 gousse d'ail écrasée
sel et poivre

Mettez le concentré de tomates dans une jatte et mélangez-le avec 1 cuillère à soupe de mayonnaise. Incorporez au reste de mayonnaise ainsi que les autres ingrédients. Salez, poivrez.

Cette sauce accompagnera bien des salades de poisson blanc et de coquillages, du poisson blanc grillé ou frit, ou des scampi frits.

Pour 30 cl de sauce

Mayonnaise

2 jaunes d'œufs
2 cuillères à café de moutarde
30 cl d'huile
1 cuillère à soupe de vinaigre
sel et poivre

Mélangez les jaunes d'œufs et la moutarde, puis incorporez l'huile peu à peu en tournant. Quand cela commence à épaissir, ajoutez l'huile en un mince filet. Terminez par le vinaigre, salez et poivrez.

Pour la mayonnaise au mixeur, mettez dans le bol les jaunes d'œufs, la moutarde, 1 cuillère à soupe d'huile et mettez en marche 5 secondes. Versez peu à peu l'huile dans le bol pendant que le moteur tourne. Quand toute l'huile est incorporée, arrêtez le moteur. Ajoutez le vinaigre, salez, poivrez et remettez en marche 3 secondes.

Pour 30 cl de mayonnaise

Note : tous les ingrédients doivent être à la même température. Si la mayonnaise ne prend pas, transférez-la dans une jatte. Mettez un autre jaune d'œuf dans le bol du mixeur et incorporez peu à peu la mayonnaise de la jatte avant de continuer à ajouter le reste d'huile.

VARIANTES :

Mayonnaise légère : ajoutez 30 cl de crème fouettée ou 300 g de yaourt nature à la mayonnaise.

Mayonnaise à l'ail : ajoutez 2 gousses d'ail avec les jaunes d'œufs, la moutarde et la cuillère à soupe d'huile.

Mayonnaise à la tomate : incorporez 2 cuillères à soupe de concentré de tomates à la mayonnaise.

Mayonnaise au citron : remplacez le vinaigre par du jus de citron.

Mayonnaise au curry : ajoutez 1 cuillère à café de curry à la mayonnaise.

Mayonnaise aux épinards ou au cresson : ajoutez 2 cuillères à soupe de purée d'épinards ou de cresson à la mayonnaise.

Sauce rémoulade : passez au mixeur 1 cuillère à soupe de câpres, 2 cornichons, 2-3 branches de persil et 1 filet d'anchois, puis incorporez ce mélange à la mayonnaise avec 1 cuillère à café de moutarde.

Mayonnaise verte : ajoutez 1 cuillère à soupe de chaque (persil et ciboulette hachés) à la mayonnaise.

Vinaigrette aux fines herbes

1,80 dl d'huile
3 cuillères à soupe de vinaigre de vin
1 gousse d'ail écrasée
1/2 cuillère à café de moutarde
2 cuillères à soupe de fines herbes hachées (menthe, persil, cerfeuil, ciboulette et thym)
sel et poivre

Mettez tous les ingrédients dans un bocal en assaisonnant à votre goût. Vissez le couvercle et agitez bien avant de servir.
Pour 25 cl

Harissa

75 g de piments oiseau
6 gousses d'ail écrasées
4 cuillères à soupe de sel de mer
6 cuillères à soupe de coriandre moulue
4 cuillères à soupe de cumin moulu
9 cuillères à soupe d'huile d'olive

Équeutez et égrenez les piments et faites-les ramollir dans de l'eau chaude.

Pendant ce temps pilez l'ail dans un mortier avec la moitié du sel. Reitrez du mortier et laissez de côté.

Réduisez en pâte dans le mortier les piments égouttés avec le reste de sel. Mélangez avec l'ail.

Mélangez la coriandre et le cumin dans le mortier et ajoutez le mélange précédent. Ajoutez l'huile peu à peu jusqu'à ce que cela soit homogène.

Cela accompagnera bien un couscous de poisson (voir page 113), dilué dans un peu du liquide de cuisson.
Pour 15 cl

Sauce soja

1,80 dl d'huile
4 cuillères à soupe de sauce soja
2 cuillères à soupe de jus de citron
1 gousse d'ail écrasée
U morceau de gingembre de 1 cm, finement coupé
sel et poivre

Mettez tous les ingrédients dans un bocal en assaisonnant à votre goût. Vissez le couvercle et agitez bien avant de servir.
Pour 30 cl

Harissa ; vinaigrette aux fines herbes ; sauce soja

Vinaigrette à la moutarde ; sauce verte

Vinaigrette à la moutarde

18 cl d'huile
4 cuillères à soupe de vinaigre de vin
1 cuillère à café de moutarde
1 gousse d'ail écrasée
sel et poivre

Mettez tous les ingrédients dans un bocal en assaisonnant à votre goût. Vissez le couvercle et agitez bien avant de servir.
Pour 25 cl environ

Sauce verte

25 g de persil
15 g de menthe
15 g de ciboulette
1 gousse d'ail écrasée
150 g de yaourt nature
12 cl d'huile
1/2 jus de citron
sel et poivre

Retirez les tiges du persil et de la menthe. Mettez les feuilles et le reste des ingrédients dans un mixer avec 1/2 cuillère à café de sel et 1/4 cuillère à café de poivre. Passez au mixer 2 à 3 minutes. Conservez au réfrigérateur dans un récipient hermétique ; agitez bien au moment de servir.
Pour 30 cl

Beurre de roquefort

50 g de beurre
2 cuillères à café de persil haché
poivre noir
1 cuillère à café de vinaigre
1 cuillère à café de moutarde
1 cuillère à café de pâte d'anchois
50 g de roquefort

Travaillez en crème tous les ingrédients, puis formez un rouleau dans du papier paraffiné, fermez bien les extrémités et mettez à glacer au réfrigérateur.

Servez des rondelles de ce beurre sur du poisson grillé.

Beurre de cresson

125 g de beurre
125 g de cresson
sel et poivre

Travaillez le beurre en crème. Hachez les feuilles et les tiges de cresson et incorporez au beurre.

Salez, poivrez, puis pressez dans un pot et mettez au réfrigérateur.

Cela accompagnera bien du poisson grillé. Vous pouvez aussi en garnir des tranches de sandwiches au pâté de hareng, de kippers cuits émiettés ou de truite fumée.

Beurre de noisette

25 g de noisettes en poudre
140 g de beurre ramolli

Mettez la poudre de noisette dans une casserole et faites chauffer doucement 5 minutes en secouant la casserole constamment pour éviter que cela ne brûle. Laissez refroidir.

Travaillez le beurre en crème, puis incorporez les noisettes. Formez un rouleau dans du papier paraffiné et laissez au réfrigérateur.

Cela accompagnera bien du poisson grillé. Pour l'utiliser, coupez une rondelle de ce beurre et posez-la sur chaque poisson.

Beurre d'anchois

6 filets d'anchois pilés
125 g de beurre ramolli

Mélangez les anchois avec le beurre, puis passez au tamis.

Ce beurre accompagne bien du poisson grillé.

Beurre à l'estragon

50 g d'estragon
125 g de beurre ramolli

Hachez l'estragon et battez-le avec le beurre. Servez sur du turbot.

Beurre Bourdaloue

1 boîte (210 g) de demi-poires
125 g de beurre ramolli
poivre

Passez les poires égouttées au mixeur, puis battez-les avec le beurre. Poivrez.

Servez sur du pain de seigle avec du saumon fumé.

Beurre maître-d'hôtel

1 cuillère à soupe de persil haché
1 cuillère à café de zeste de citron râpé
1 cuillère à soupe de jus de citron
125 g de beurre ramolli
sel et poivre

Battez ensemble tous les ingrédients, salez, poivrez.

Ce beurre accompagne bien du poisson grillé ou des ailes de raie.

Beurre de cresson ; beurre de ciboulette ; beurre de noisette ; beurre d'anchois ; beurre de roquefort

INDEX

Remerciements

Les éditeurs remercient tous ceux qui ont participé à la préparation de cet ouvrage :

Photographies : Clive Streeter,
sauf pour les pages 8, 13, 14, 18-25, 34, 38-40, 42, 44, 45, 51, 58, 60, 62, 66, 68, 70, 71, 74-76, 78, 79, 82-85, 87-89, 92, 96, 97-100, 102, 106, 114, 115, 117, 126, 127, 133, 135, 136, 142, 146 et 154.

Stylistes : Maria Kelly et Andrea Lambton.

Préparation des plats pour la prise de vue : Nichola Palmer
pages 6, 9, 11, 12, 15, 16, 29, 31, 33, 36, 41, 47, 49, 50, 52, 57, 59, 61, 63, 67, 69, 73, 81, 93
et Allyson Birch
pages 54, 55, 64, 86, 95, 101, 103, 105, 109, 111, 113, 119, 123, 131, 134, 137, 139, 140, 141, 143, 144, 150, 153 et 155.